스포츠철학수업

Philosophy of Sports

함정혜 · 이학준 · 김영선 · 박현애 지음

북스힐

머리말

체육학을 전공하는 학생들에게 철학적 사고가 필요한 이유는 독창적이고 비판적이며 전체적인 사고 훈련을 할 수 있기 때문이다. 지금까지 스포츠철학수업은 철학적 지식을 강의하는 수업이 대부분이었다. 철학을 한다는 의미 중 하나는 생각연습을 통해 생각의 힘을 키우는 수업임에도 불구하고 강의를 통하여 단순히 철학지식을 배워야 했다. 그래서 철학지식을 암기하고 이해하기 어려운 철학용어를 배우는 수업이었다.

분명 수업방식에 문제가 있었다는 자기성찰이 가능하다. 자기 성찰을 통해서 얻게 된 것은 대부분의 스포츠철학에서 사용하는 교재가 교과서적인 서술형태를 벗어나지 못하고 있다는 것과 스포츠철학에 대한 지식을 전달하고 있다는 것이다. 이 점에서 한계가 있을 수밖에 없다고 생각하였다. 그래서 기존의 수업교재와 다른 방식을 채택하여 스포츠철학 교재를 가급적 설명은 짧게 하고 그림과 도표 등 시각자료를 중심으로 이해를 돕고자 하였다.

스포츠철학은 지식을 주입하는 수업이 아니라 철학하는 방법(철학적 사고)을 훈련하고 습득하는 교육과정이라는 이해가 필요하다. 생각연습을 하려고 할 때 필요한 것은 생각거리이다. 생각거리를 제공한다면 점에서 이 책은 스포츠관련 논쟁과 이슈를 선별해서 읽을거리를 제공하였다. 이를 토대로 함께 생각하고 토론을 통해서 올바른 이해를 돕도록 하였다.

따라서 교재는 생각연습을 위한 교재가 유용할 것이라는 판단하에 오래 동안 대학에서 스포츠철학을 강의해왔던 네 사람이 만나 그 동안 스포츠철학수업 방식의 문제점을 지적하고 학생들의 사고훈련 즉, 생각연습을 가능하게 하는 교재를 집필하게 되었다.

전체 내용은 5장으로 구성하였다. 제1장은 스포츠와 철학에 관련하여 철학과 스포츠란 무엇인가를 살펴보고, 스포츠철학의 연구영역과 다른 학문과 차이를 알아보았다. 제2장은 스포츠와 존재를 알아보고 제3장은 스포츠와 인식의 문제를 다루었다. 제4장은 스포츠와 가치에 대하여 알아보았으며, 마지막 제5장은 스포츠와 논리에 대하여 정리하였다.

이 책을 통해서 스포츠철학을 배우는 학생들이 스포츠철학은 지식만을 배우는 교과가 아니라 철학적 이론이나 개념을 근거로 '생각연습'을 통하여 '생각의 힘'을 키우는 논리적이고 실용적인 교과라는 것을 알았으면 좋겠다. 이를 통해서 올바르게 사고하고 말하며, 토론하는 방법을 습득했으면 좋겠다. 그래서 학생들이 자유롭게 창의적인 생각을 펼치며 표현할 수 있게 되었으면 좋겠다.

2015년 8월

저자 일동

목 차

PART 1

스포츠와 철학

01. 스포츠란 무엇인가?

02. 철학이란 무엇인가?

03. 스포츠철학이란 무엇인가?

04. 스포츠철학의 연구영역은 어떻게 구성되는가?

05. 스포츠철학은 다른 학문들과 어떠한 차이가 있는가?

01

스포츠란 무엇인가?

체육이란 무엇이고, 스포츠란 무엇인가? '체육'이나 '스포츠'의 용어가 우리사회에서 언제부터 사용되어 왔을까? 역사적으로 본다면 '체육'이나 '스포츠'는 근대적 산물임과 동시에 서구문물을 수용하기 시작한 개화기로 거슬러 가야 한다. 하지만 '체육'과 '스포츠'가 전통사회에서 그 활동이 체육적이고 스포츠적인 것이 없었다고는 단정지을 수 없다. 이러한 사실을 가지고 여기에서는 체육과 스포츠란 무엇인가의 문제를 개념적 차원보다는 무엇이 체육 적(的)이고 무엇이 스포츠 적(的)인가를 우선 알아보자.

놀이	게임	스포츠
허구성	허구성	허구성
비생산성	비생산성	비생산성
자유성	분리성	분리성
쾌락성	미확정성	미확정성
	규칙성	규칙성
	경쟁성	경쟁성
	단순 혹은 복합적인 신체기능, 전술 또는 확률에 의한 결과의 결정	전술과 복합된 단순 혹은 복합적인 신체적 역량(기능)에 의한 결과의 결정
		신체적 기량(자연의 방해물을 극복하는 대근 활동의 맥락에서 발달된 신체의 기능)

*출처: 하남길, 2002

1) 체육과 스포츠개념의 변천

(1) 체육(Physical Education) 용어의 등장

1831년 Warren의 서서에서 처음 사용되었는데 그 이전에는 신체문화(Physical Culture), 신체훈련(Physical Training)의 개념이었던 것이 신체와 교육의 합성어인 '체육(Physical Education)'이라는 용어로 처음 불리게 되었다. Pierson이 1840년 자신의 저서의 제목으로 처음 사용하고 1961년 Spencer와 1969년 Maclaren에 의해 지속적으로 쓰이면서 일반화되어 사용하게 되었다.

(2) 신체의 교육(Education of the Physical)

1881년 미국의 Hitchok이 "체육과 건강분야의 20c 실험 보고서"

를 발표한 이후 신체의 발달과 위생, 건강을 목표로 체육의 교육이 체육의 핵심이 되었고 이후 1930년 Williams는 "체육을 통한 교육(Education of the Physical)"을 강조하였다. 이어 1936년 McCloy는 "적당한 신체에 대한 교육을 위한 생리학적 필요 요인"으로 학교체육과 신체의 발달과 교육, 그리고 운동 기능의 숙달을 위한 교육적 의미의 '체육'을 발전시켜왔다.

(3) 신체를 통한 교육(Education through the Physical)

Gulick, Thomas Wood, Hetherington에 의해 신체육(New Physical Education)의 진보적 개념이 대두되면서 신체적, 정신적, 사회적 인간에 주목하여 '체육을 통한 교육(Education through the Physical)'이 주창된 바 있다. 이는 이원론적 시각에 입각한 '신체의 교육'을 비판하고 일원론적 인간관에 기인한 전인교육을 목표로 한다.

(4) 움직임 교육(Movement Education)

움직임 교육은 무용 이론가 Rudolf Laban에 의한 것으로 인간의 움직임을 대상으로 한다. 인간 움직임에 대한 교육적 측면으로 신체활동과 인간의 움직임에 중점을 두어 체육의 교과로서의 위치를 확보하고 교육적 가치를 향상시킨 계기를 마련했다.

(5) 움직임 예술과학(Human Movement, the Art and Science of Human)

운동에 대한 모든 잠재적 능력을 실생활에 충분히 활동 가능하도록 하여 인간과 운동의 상호작용에 중점을 둔 개념이다. 기존의 교육의 단계에서 교육을 포괄하는 단계로 개념이 확장된 것이며 체육의 독자적 학문성을 추구하였다. 여기에서 Art는 예술 기능적 측면을, Science는 과학적, 학문적 측면을 강조한 개념이다.

(6) 스포츠과학(Sport Science)

신체, 교육, 운동의 분절된 개념을 탈피한 종합적인 하나의 문화로서 의미를 확장하려는 개념이다. 따라서 전통적으로 교육의 한 부분으로 일컬어 온 '체육'이라는 용어가 현대적 의미로 해석하여 포괄적인 신체문화와 종합적인 학문분야를 '스포츠(Sport)'라는 용어로 보다 총체적인 입장을 대변하면서 동시에 명확히 하려는 움직임이다.

(7) 여가와 스포츠과학(Leisure and Sport Science)

스포츠과학과 동일한 측면과 범위를 가지지만 인간의 사회 · 문화적 측면까지 고려한 개념이다. 따라서 스포츠 관련 문화와 학문적 영역까지 그 개념을 넓혔다. Sport는 사회 · 문화로서의 총체적인 신체문화의 측면을 강조하고 Science는 과학적 학문적 영역을 Leisure는 여가와 생활의 측면을 확장한 개념으로 볼 수 있다.

체육		스포츠
신체의 체육	신체를 통한 교육	
신체의 발달적 측면에 주목 교육의 한 분야	신체를 통해 통합적 인간을 교육 교육의 주체	사회 · 문화적인 신체문화의 총체적 측면에 주목
신체 발육 · 발달 건강, 위생	전인 양성	인간 발달 인간 사회문화

	여러 학자들의 체육에 대한 정의
신체의 교육	체육이란 신체적인 것을 매개로 하는 교육이다.(Oberteuffer, 1951) 체육은 근육활동과 그에 따른 반응, 그리고 그 반응에 따른 개인적 결과에 관계되는 모든 교육과정이다.(Nixen & Cozens, 1952) 체육은 첫째, 근육활동과 그로 생기는 편익에 관계하며, 둘째, 아동의 성장과 건강에 기여하기에 발달에 장해가 없도록 교육과정을 통해 되도록 많이 실현되게 한다.(Hetherington, 1975)
신체를 통한 교육	체육은 전체 교육과정의 필수불가결한 요소이고 성과를 얻기 위해 선택된 신체활동을 매개로 신체적, 정신적, 정서적, 사회적으로 바람직한 시민을 양성하는 데 목표를 두고 전력하는 분야이다.(Bucher, 1975) 체육은 그 나라와 세계의 유용한 시민이 되게 하기 위해서 정신적, 신체적, 도덕적, 영혼적, 사회적으로 조화를 이루는 개인을 계발하는 데 있어서 운동 활동과 관계가 있는 경험을 이용하는 전체 교육의 일환이다.(Webster, 1965)
기술 과학적 측면	체육은 기술과 과학 그리고 중요한 과정으로서 운동에 관한 학문이다.(Felshin, 1967) 체육은 자발적이고 의도적인 인간 운동의 기술과 과학으로 정의된다.(Zeigler, 1975)
스포츠(sport)	스포츠는 인간 표현의 한 형태인데 역사적으로 신체적 놀이로부터 유래하며, 문화적으로 시인을 받은 기본적인 여가활동이다.(Ibrahim, 1975)

참조 : 윤경희, 1982

정의가 명료할수록 그에서 파생된 목표와 목적, 가치와 기능으로의 심층적인 연구가 가능할 것이다. 스포츠(Sport)는 신체와 관련된 사회 · 문화의 총체적 개념이고 체육(體育)은 전통적 시각으로 '교육'에 주안점을 둔 용어로 정의되어 비교적 구분지어 질 수 있음에도 불구하고 아직까지 두 용어는 혼용되어 쓰이고 있다. 용어란 시대성을 반영하기에 변화는 불가피하다. 따라서 용어의 정의와 변용에 기민해야 할 것이다. 오랜 시간 관습적으로 쓰여 온 두 용어를 일순간 구분하여 쓰기는 어렵겠으나 그 노력은 지속해야 할 것이다.

2) 체육, 스포츠, 운동의 차이

체육은 라반(R. Laban)의 인간 움직임 개념을 도입하여 "인간 움직임의 예술과 과학"이라고 정의하였다(Seidel & Resick, 1978). 이 정의를 체육학의 세부 분야와 관련시켜 살펴보면 첫째, 인간 기능과 운동수행에 관련된 인간 움직임으로, 운동의 생리, 역학적 원리에 의해 인간의 기술적, 기능적 향상을 도모하는 측면이다. 둘째, 문화사회적 인간 움직임으로 신체활동 즉, 스포츠가 사회를 구성하는 부분이 확대됨에 따라 우리의 문화생활을 윤택하게 하는 것이다. 셋째, 미적 경험으로서의 인간 움직임(Singer, 1976)으로 이것은 인간이 왜 신체활동을 끊임없이 해 나가는가 하는 질문을 유도 할 수 있는데, 움직인다는 자체가 인간에게 주는 의미 때문일 것이다.

그동안 다양한 체육과 스포츠에 대한 개념정의들이 논의 되어 왔다. 대표적으로 로이(Loy, 1978)는 스포츠는 자발적인 자유로운 행위로서, 시공적으로 제약되는 격리된, 결과가 사전에 결정되지 않은 불확정적인, 물질적 보상을 전제로 하지 않은 비생산적인, 어떤 형태로든 합의된 규칙에 의해 지배되는, 그리고 실제 생활과는 다른 가장적인 것이라고 하였다.

일반적으로 신체의 적극적인 대근육 활동을 중심으로 그 영역 교육적 차원에 있는가 아니면 사회 문화적 차원에 있는가에 따라 차이를 들 수 있다. 이러한 관점에서 가장 최근에 이학준(2015)은 체육, 스포츠, 운동의 차이를 구별하는 방식으로 우선 세 가지의 공통 동분모로 신체활동을 제시하면서 신체활동을 하는 목적과 맥락(context)에 따라 체육, 스포츠, 운동의 차이를 구분하였다. 교육을 위한 신체활동을 체육이라고 하고, 기분전환과 재미를 위한 신체활동을 스포츠라고 한다. 그리고 건강을 위한 신체활동을 운동이라고 구분하였다.

3) 맥인토시의 스포츠 분류

맥인토시(Perter MacIntosh, 1963)는 스포츠를 네 가지로 분류하였다. 첫째, 경쟁스포츠이다. 경쟁에서 탁월성을 추구하는 스포츠로 축구, 농구, 배구 등을 사례로 들 수 있다. 둘째, 격투스포츠이다. 접촉, 격투를 통해서 신체적 탁월성을 입증하는 스포츠이다. 우리가 주변에서 쉽게 접할 수 있는 태권도, 유도, 합기도, 검도 등이다. 셋째, 도전스포츠이다. 인간한계, 자기한계에 도전하는 스포츠로 야외활동, 암벽등반, 산악자전거 등이 있다. 넷째, 표현스포츠이다. 신체의 아름다움을 추구하는 스포츠로 무용, 수중발레, 다이빙, 피겨 스케이팅 등이다. 이러한 분류가 얼마나 타당한가를 한 번 생각해 볼 수 있다. 이 분류가 포함하지 못하는 새로운 스포츠가 있다면 어떻게 분류해야 하는지 한번 생각해 보자.

4) 놀이, 게임, 스포츠의 비교

스포츠란 무엇인가라는 질문에 대한 답변은 다양하다. 심지어 학자들마다 너무나 다양하게 정의를 내리고 있어서 정의가 불가능하다는 주장도 있다. 우선 스포츠는 기분전환이라고 주장하는 경우를 살펴보자. 어원적으로 스포츠는 기분전환, 오락이라는 뜻을 내포하고 있기 때문에 기분전환을 위한 신체활동은 모두 스포츠라고 주장한다. 또 다른 주장은 진화론적 입장이다. 놀이에서 게임으로 진화되고, 게임에서 스포츠로 진화되었다는 입장이다. 그리고 규칙에 의해서 놀이, 게임, 스포츠를 구별하는 경우가 있다. '놀이는 임의적인 규칙을 사용하는 신체활동이고, 게임은 관례적인 규칙을 사용하는 신체활동이다. 그리고 스포츠는 제도화된 규칙을 사용하는 신체활동이라고 규정한다'(김홍식, 2001).

생각연습

01. 바둑을 스포츠라고 주장하는 사람들이 있다. 체육학을 전공하는 입장에서 어떻게 생각하는가?

02. 우리가 공부하는 학문을 대표할 수 있는 명칭으로 체육학, 스포츠과학, 운동학 등이 거론되고 있다. 이 중에서 가장 적합한 명칭은 무엇이라고 생각하는가?

참고문헌

김홍식(2001). 제6차 교육과정 고등학교 체육교과서에서 놀이, 게임, 스포츠의 개념 정의와 규칙의 문제. 한국체육학회지. 40(4).

이학준(2015). 싸우는 스포츠. 서울: 시간의 물레.

윤경희(1982). 제 학자의 체육개념에 관한 고찰. 미간행 석사학위논문. 이화여자대학교 대학원.

하남길(2002). 움직임 예술과학의 이해. 서울: 대한미디어.

Perter MacIntosh(1963). Sport and Society. London: C. A. Watts.

Loy, John W., Barry D. McPherson, and Gerald Kenyon(1978). Sport and Social systems. Reading. Ma: Addison Wesley.

02

철학이란 무엇인가?

1) 철학이란? : 철학이란 말 그대로 '지혜에 대한 사랑'이다.

철학(philosophy)의 어원을 살펴보면 philosophein(지를 사랑한다), philosophos(애지자, 철학자), philosophia(애지) 등의 의미를 가지고 있다. 간단하게 풀어보면 철학은 '지혜(wisdom) + 사랑(love)'(Love of wisdom)이라고 할 수 있다. 철학은 지혜에 대한 사랑이다. 철학은 삶의 방식이나 실재 혹은 현실에 대한 진리와 밀접하게 관계되어 있는 학문이다. 예를 들어 사람들은 어떤 존재이며, 무엇을 알 수 있고, 무엇을 느끼며, 그리고 무엇을 행하는가에 관한 문제들과 직결되어 있다.

어원적으로 철학은 지혜의 사랑이라 풀이된다. 웹스터(Noah Webster)는 지혜의 사랑을 "인간과 우주에서 존재하는 여러 가지 사실과 가치들을 찾아서 객관적으로 해석하고 평가하려는 욕망을 뜻한다"고 하였다. 좀 더 구체적으로 살펴본다면, 철학은 티더스(H. Titus)가 분류하였듯 다섯 가지로 요약될 수 있다(김영환, 김대식, 1988).

첫째는 인생과 우주에 대한 인간 개인의 주체적이고 총체적인 관점이다. 둘째, 사고의 보편성과 합리성을 추구하는 것이다. 셋째, 언어를 분석하고 단어와 개념을 분명히 하는 것이다. 넷째, 부분을 종합하여 전체로 만들고자 하는 시도이다. 다섯째, 모든 문제의 해답에 대해 진리의 타당성을 제기하는 것이다.

2) 철학한다는 것은? : 철학한다는 것은 완성된 지식을 소유하는 것이 아니라 끊임없는 진리탐구의 과정이며 지식의 나눔이다.

칸트(Kant)는 『순수이성비판』에서 "철학은 결코 배울 수 있는 것이 아니라 철학하는 것을 배울 수 있을 뿐이다."라고 언급하였다. 이 의미는 철학은 철학적 지식을 배우는 것이 아니라 철학함을 배운다는 것이다. 명사적 의미의 철학이 아니라 동사적 의미로 철학이다. 철학적 사유방법을 배우는 것이다.

3) 철학의 필요성 : 철학이 우리에게 왜 필요한가?

첫째, 인간은 사고하는 존재이다. 파스칼(Pascal)의 『수상록』에서 "인간은 하나의 갈대이다. 자연 중에서도 가장 연약한 갈대에 불과하다. 그러나 그것은 생각하는 갈대이다."라고 하였다. 인간의 이중적인 특징으로 생물학적 차원과 정신적 차원이 있다. 생물학적 차원은 직립보행, 손의 사용, 도구 제작, 불의 사용, 언어의 사용 등이다. 또 다른 측면은 정신적 차원인 이성적 활동이다.

둘째, 인간은 어떤 차원의 문제에 직면하든지 그것을 끊임없이 해결하거나 극복하고자 한다. 상식적인 삶 안에서 직면하는 어떤 문제나 위기에서 딜레마나 절대적인 아포리아(aporia)[1)]상태로부터 철학은 발단하거나 출발한다. 18개월 된 아이의 "이게 뭐야?"라는 물음은 호기심과 물음에 대한 어른의 답변이 있을 것이라는 믿음으로부터 시작되며 아포리아의 난관 상태를 거쳐 무지의 자각과 경이의 관념으로 옮겨지는 지혜에 대한 사랑의 원초적인 표현이다.

셋째, 인간은 삶에 대한 궁극적인 가치를 지향하는 존재이다. 철학적 태도는 주체적인 자각을 가지고 우주를 해명하고자 한다. 이에 반하여 과학적 태도는 어떤 사실을 객관화, 기호화하는 등 환원적인 관점에서 설명하기 때문에 주체성과 가치관이 간과됨을 비판받기도 한다. 에베레스트 산을 최초로 정복한 에드문트 힐러리(Edmund Hillary)는 "에베레스트 산을 왜 오르는가?"라는 물음에 "그것들이 거기에 있기 때문이다"라고 대답하였다. 즉, 산이 힐러리 경을 이끈 것이다.

---

1) 아포리아(aporia)는 철학용어의 하나로 어떠한 사물에 관하여 전혀 해결방도를 찾을 수 없는 난관의 상태를 의미한다. 일반적으로 해결이 곤란한 문제, 즉 모순이나 해결 불가능한 역설 등을 일컫는 말이다. 그리스어 "막다른 곳에 다다름"이란 뜻이다. 현대에서는 방치해 둘 수 없는 논리적 난점을 가리키는 데 사용되고 있다.

4) 철학적인 물음: 철학적인 물음이란, 본질에 관한 물음이다.

예를 들어 '놀이란 무엇인가?'에 대하여 다양한 관점을 살펴볼 수 있다. 역사학적 관점에서 보면, 고대사회에서 행한 놀이를 알 수 있다. '지금으로부터 2500년 전 고대사회에서 사람들은 어떠한 놀이를 했는가?'를 알아보기 위하여 고대유물과 유적지, 벽화 등의 사료발굴을 통해서 고대사회의 놀이를 추론할 수 있다. 생리학적 관점은 '놀이는 생리학적 각성을 지속하는 데 어떤 작용을 하는가?', 사회학적 관점은 '서로 다른 사회조직에서 놀이는 어떤 역할을 담당하는가?', 철학적 관점은 '놀이의 본질적 특성은 무엇인가?' '놀이는 일과 어떻게 다른가?' 등에 대한 질문을 통해서 놀이의 본질을 파악할 수 있다.

생각연습

01. 철학을 우리말로 '밝은 배움'이라고 번역하는 학자가 있다. 여러분이 철학을 정의한다면, 무엇이라고 간략하게 정의할 수 있을까?

02. 체육학에서 스포츠철학이 필요한가? 만약 필요하다면 그 주된 이유는 무엇인가?

03

스포츠철학이란 무엇인가?

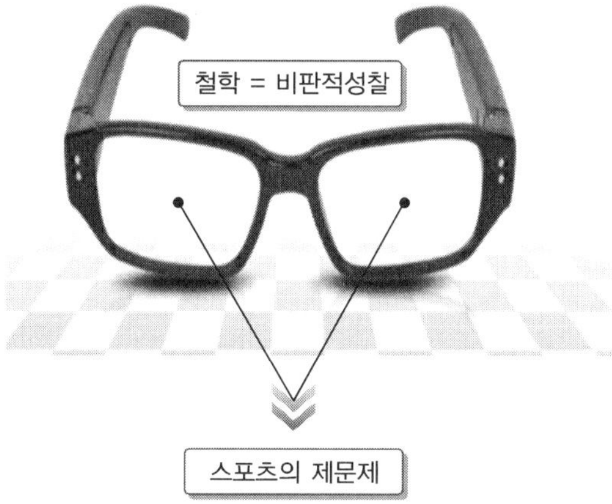

철학과 체육은 정신적인 면과 신체적인 면이라고 양분시킬 수 없는 것이다. 체육철학에서 가장 근본적인 문제를 다루고 있는 심신일원론 또는 이원론을 논하지 않더라도, 신체와 정신은 한 가지 동일한 신체(몸)임을 알 수 있다.

여기에서 논점은 체육에 있어서 철학적 사고의 필요성이다. 다시 말해서 신체활동, 스포츠를 하면서 인식론적 작용이 어떻게 이루어지나이다. 인식론이란 한마디로 지식이란 무엇이며, 어떻게 우리가 지식을 알 수 있는가를 규명하는 철학의 한 분야이다. 지식은 단순히 과학적으로 규명된 사실 혹은 진리를 말하는 것이 아니다. 지식이란 인간이 어떠한 경로 즉, 사고의 방법을 통하든 삶 전체의 본질

내지는 실체와 만나는 것을 의미한다.

체육이 단지 신체기능이나 기술의 향상을 도모하는 일이라면 철학적 사고의 방법에 대해 논의할 필요가 없을 것이다. 그러나 체육이 교육의 일반적 목표인 전인교육 즉, 인지적 발달(Cognitive domain), 정의적 발달(Affective domain), 심동적 발달(Psychomotor domain) 등 통합적 향상을 꾀한다면 체육에 있어 철학적 사고는 필수적인 것이다.

현실적으로 나타난 철학적 사고의 결여를 예를 들어 보겠다. 최근 들어 더욱 심화되고 있는 운동선수들의 스포츠맨십에 어긋난 행위들, 프로야구 구장에서 관중들의 패싸움, 배구코트에서 일어난 심판에 대한 선수들의 폭행, 선수들끼리의 난투극 등 그 실례는 수도 없이 많다. 프로나 아마추어 선수들이건 아니면 일반인들 또는 감독, 코치, 심판이건 수준에 관계없이 일어나고 있다. 이런 일들을 단지 스포츠맨십의 결여, 혹은 정치적, 지역적 감정의 소산으로 일축하기 쉽다. 그러나 이러한 행태들은 체육을 행하는 사람들이 철학적 사고가 부족한 결과라고 볼 수 있다. 철학적 사고를 단순히 논리적 이성적 진리 탐구의 수단으로 생각하기 때문이다. 체육을 연구하던, 행하던, 관람하던 체육을 통해 우리 인간이 어떤 사고과정을 거쳐 우주, 삶의 본질과 만나는가를 알고자 한다면, 체육이 단순히 신체의 움직임으로 끝나지 않을 것이며 체육자체에 대한 가치나 의미 또한 달리 해석되어 질 것이다.

철학은 철학함이다. 따라서 철학은 철학적 지식을 습득하는 것이 아니라 철학함이라는 동사적 의미를 지니고 있다. 철학은 간단하게 말하면 비판적 성찰이다. 어떤 것에 대하여 비판하거나 성찰하는 것을 철학이라고 한다. 그렇다면 스포츠철학은 스포츠에 대한 비판적 성찰이다. 이를 풀어 설명하면, 스포츠철학은 스포츠를 철학하는 것이다. 스포츠가 연구대상(목적)에 해당되며 스포츠의 존재, 인식, 가치의 문제를 철학적 방법을 통하여 사유하는 것이다.

위의 그림을 설명한다면, 철학이란 안경을 쓰고 스포츠를 바라보는 것이다. 철학이란 안경을 쓰고 스포츠 겉이 아니라 속으로 들어가 내포되어 있는 스포츠의 존재, 가치, 인식의 문제를 바라보는 것이다. 철학은 비판적 성찰이기에 스포츠의 존재, 인식, 가치의 문제를 비판하고 성찰하는 것이 스포츠철학이다.

[스포츠철학 = 스포츠를 철학하는 것이다.]

지금까지 체육학은 과학이라는 안경을 쓰고 스포츠를 바라보고 그 결과를 말해왔다. 과학이라는 안경을 쓰고 본 것만이 최고의 진리라고 생각하고 그 외에 다른 안경을 쓰고 본 것에 대하여 진리라고 아무리 말을 해도 의심과 의문점을 말한다. 과학적 안경과 철학적 안경은 다르다. 빨간색 안경을 쓰고 보면 세상을 빨간색으로 보이는 것처럼 어떤 색의 안경을 쓰고 보느냐가 중요하다. 우리에게 필요한 것은 과학과 철학이라는 안경과 더불어 다양한 학문의 안경이다. 하나의 색으로 세상을 바라보는 것은 편견에 사로잡힐 수 있는 위험이 있다.

1) 스포츠철학이란 무엇인가?

스포츠철학이란 스포츠를 대상으로 철학적 탐구행위의 과정이다. 즉, 스포츠와 체육의 현상에서 나타나는 여러 문제들에 대하여 반성적인 사고를 시도함으로써 스포츠와 체육의 학문적 원리와 사실을 규명하는 과정의 가치체계적인 학문이다.

2) 스포츠철학은 그동안 어떻게 이해되어 왔는가?

· 스포츠철학은 스포츠에 관한 이해와 소견이 되는 사상을 의미한다.

· 스포츠철학은 스포츠의 목적과 방향을 탐구하는 분야이다. 흔히, 스포츠의 목적 탐구는 철학적이고, 그 방법의 탐구는 과학적이라고 구분하기도 한다.

· 스포츠철학은 전통철학의 이론을 확대, 연장하여 그 지식을 스포츠의 이론과 실천에 응용하는 것을 의미한다.

· 스포츠철학은 스포츠를 대상으로 하는 철학적 탐구행위의 결과이다.

3) 스포츠철학의 등장시기

일반적인 철학과는 달리, 스포츠철학은 20세기에 출현하였다. 최초의 집중적인 노력은 1920년대 나타났다. 이 시기에 앞서 스포츠라는 주제의 철학적 반성은 주로 스포츠의 생리학적, 사회적, 군사적 그리고 교육적 이용의 논의로 제한되어 있었다(이진수 외, 1992).

(1) 간접적인 탐구의 시기

고대 그리스의 철인 크세노파네스(Xenophanes)의 경기자 비판으로부터 프로화되는 스포츠 비판에 이르기까지 긴 역사를 갖지만 고대 그리스의 플라톤(Platon)이나 아리스토텔레스(Aristoteles) 이후로 간접적으로 관심을 가졌을 뿐이다. 예를 들어, 교육철학적 관점에 대한 관심, 놀이문화에 대한 관심, 언어철학적인 관심 등이 있다.

(2) 직접적인 탐구의 시기

① **스포츠철학의 초창기의 탐구활동:** 수필형식이나 고전적 체육원리의

형태를 보여주었다.

· 산타야나(G. Santayana) 「노천관람석의 철학, 1894」
· 그레이브(H. Grave) 「스포츠의 철학, 1900」
· 굴릭(L. H. Gulick) 「유희의 철학, 1920」
· 헤더링톤(G. W. Hetherington) 「체육의 학교 프로그램, 1922」
· 찰스 맥클로이(C. H. McCloy). 「체육을 위한 철학적 기초, 1940」
· 제시 윌리웜스(Jesse Williams) 「체육의 원리, 1948」
· 요한 호이징하(John Huizuga) 「호모 루덴스: 문화에 있어서 놀이 요소, 1955」
· 로제 카이와(R. Caillois) 「놀이와 인간, 1958」

② 스포츠철학의 형성기의 탐구활동: 철학적 과정의 성격을 강조하였다(1960년대).

· 데이비스(E. C. Davis) 「체육의 철학적 과정, 1961」
· 지글러(E. F. Ziegler) 「레크리에이션 교육과 건강교육, 체육을 위한 철학적 기초, 1964」, 「체육의 철학적 과정, 1967」

③ 스포츠철학의 창조기의 탐구활동: 중요한 업적이 될 만한 연구활동이 전개되었다.

· 오이겐 헤리겔(E. Herrigel) 「궁도의 선, 1964」
· 하워드 스라셔(Howard S. Slusher) 「인간, 스포츠 그리고 실존: 비판적 분석, 1967」
· 엘레노 매시느(Eleanor Metheny) 「운동과 의미, 1968」
· 폴 와이스(Paul Weiss) 「스포츠, 철학적 탐구, 1969」

신체활동을 사용하는 놀이에 대한 철학연구는 1960년 독일의 철학자이자 훗설의 제자였던 오이겐 핑크(Eugen Fink)에 의하여 행해졌다. 그는 「세계의 상징으로서의 놀이」에서 놀이를 철학의 주제로 삼는 것이 기이하게 생각될지도 모른다고 하였다. 1972년 미국에서는 폴 와이스(Paul Weiss)를 회장으로 Philosophic society for the study of sport가 설립되었다. 1999년 그 명칭을 국제스포츠철학회(Internation Association for the philosophy of Sport)로 변경하였다.

일본에서는 1978년 츠쿠바대학교의 졸업생을 주축으로 일본체육, 스포츠철학회가 설립되었다. 한국에서는 1992년 한국스포츠무용철학회가 설립되었다. 2015년 현재 한국체육철학회로 학회명칭을 변경하여 한국연구재단 등재학술지로 「움직임의 철학: 한국체육철학회지」를 매년 4회 발간하고 있다.

생각연습

01. 우리가 배워야 할 것은 스포츠철학에 대한 지식이 아니라 '스포츠철학함'이라고 주장할 수 있는 이유는 무엇인가?

02. 스포츠철학은 스포츠의 존재, 인식, 가치의 문제를 연구하는 분야이다. 그렇다면 스포츠철학은 우리나라에서 어떻게 생성, 변화, 발전해 왔을까?

03. 미래스포츠철학은 어떤 방향으로 연구되고 발전되는 것이 바람직하다고 생각하는가?

참고문헌

이진수 · 정응근 · 김현덕 · 김창용(1992). 체육 · 스포츠철학. 서울: 교육과학사.

04

스포츠철학의 연구영역은 어떻게 구성되는가?

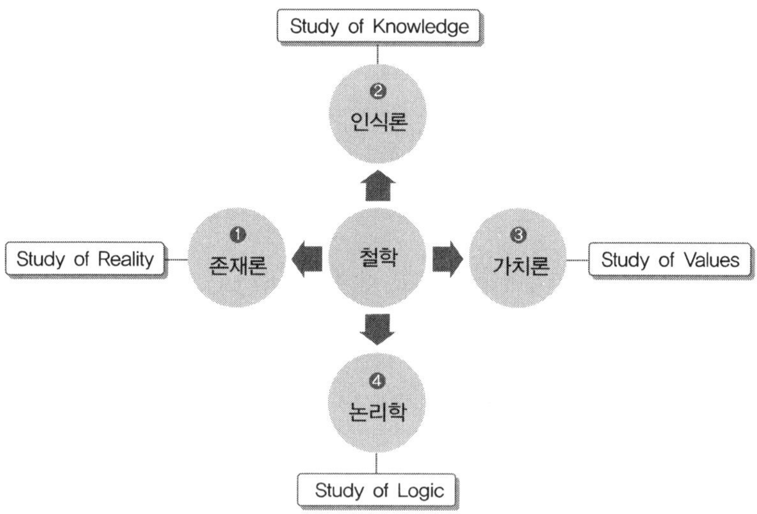

스포츠철학의 연구영역은 네 가지로 구분된다. 존재론, 인식론, 가치론, 논리학 등이다. 위의 그림에서 살펴볼 수 있는 것처럼 1~4까지 번호가 붙여 있다. 그 번호는 철학의 연구영역, 혹은 철학이 시작된 순서이다. 형이상학적인 문제를 처음 관심의 대상으로 연구하기 시작하였다.

형이상학이란 형이하학의 반대말이다. 우리 눈으로 확인할 수 없는 것, 보이지 않는 것이다. 신, 사랑, 우정, 정신 등 관념적으로 존재하는 것들이지 눈 앞에서 보고 직접 손으로 잡을 수 있는 것이 아니다. 형이상학은 존재론, 세계론, 우주론 등으로 구분된다. 주로 실재(본질)에 관한 문제를 연구하는 분야이다.

인식론은 지식의 습득에 관한 문제를 다룬다. 신체활동적 지식은 명제적 지식인가 실천적 지식인가. 신체활동적 지식은 어떻게 습득되는가. 신체활동적 지식이란 무엇인가 등에 대하여 연구하는 분야이다.

가치론은 진선미(眞善美)의 가치추구를 말한다. 인간은 가치 선택적 존재이다. 그렇기 때문에 스포츠에서도 진선미의 가치를 추구한다. 스포츠윤리, 스포츠미학, 스포츠사회철학, 스포츠의 종교적 가치 등을 추구한다. 끝으로 논리학은 생각의 정합관계를 연구하는 분야이다. 스포츠철학의 구체적인 연구문제를 독일의 오스터홀드(Osterhouldt, 1978)는 다음과 같이 구별하였다.

1) 스포츠철학의 여러 문제의 범위

(1) 존재론적 접근: 본질, 실재에 관한 물음

스포츠와 관련된 개념들에 대한 본질 및 특성 탐구

- 스포츠란 무엇인가?
- 스포츠에 있어서 심신은 어떤 관계인가?
- 스포츠에 있어서 인과적 역할
- 스포츠에 있어서 시간과 공간의 역할
- 스포츠에 있어서 우연성과 필요성의 역할
- 스포츠에 있어서 발전과 창조
- 스포츠에 있어서 항구성과 변화 역할
- 스포츠에 있어서 목적과 구조의 역할
- 스포츠에서의 자아

· 스포츠에서 자유의 문제

· 스포츠에 있어서 정신과 신체의 문제

(2) 인식론적 접근: 앎(지식)에 관한 물음

스포츠를 통하여 알 수 있는 지식에 관한 탐구

· 스포츠를 통하여 알 수 있는 지식은 무엇인가?

· 실천적 지식 vs. 기술적 지식

· 개인적 · 추상적 지식 vs. 명시적 지식

· 스포츠에 관계된 지식의 한계

· 스포츠 지식에 의해 획득되는 구조

· 스포츠에 관계된 지식의 체계

(3) 가치론적 접근: 좋은 것, 아름다운 것, 도덕 행위에 관한 물음

1 윤리학(선, 악, 도덕규범, 가치 등)

예 좋은 스포츠란 무엇인가? 운동선수의 인권 문제, 경쟁적 가치

· 스포츠에 있어서 최고의 선

· 스포츠에 있어 도덕적 행위의 기준

· 스포츠에 있어 도덕적 행위의 동기

· 스포츠에 있어 윤리적 현상과 구조

2 미학(아름다운 것, 아름답지 않음의 기준, 구조, 체험 등)

예 스포츠 행위가 어떤 기준에서 아름다운가?

미적 체험 판단 기준은 무엇인가?

예 스포츠 행위의 형식 미학

통일미, 대칭미, 황금비율, 균형미, 대비미, 조화미, 점층미, 곡선미, 리듬미, 다양성과 통일

- 스포츠에 있어 미학적 판단의 기준
- 스포츠에 있어 관조와 감동의 역할
- 스포츠에 있어 기교와 표현의 역할
- 스포츠에 있어 미학적 과정과 결과
- 스포츠에 있어 평균치와 우수한 형태
- 미학적 고의성과 스포츠
- 경쟁과 기록, 의도성과 자연성, 폭력과 기만
- 예술적 극치와 스포츠
- 스포츠에 있어 훈련의 역할
- 스포츠에 있어 운동선수와 교사, 관람자의 역할
- 스포츠에 있어 미학적 경험

③ 스포츠의 정치적, 사회적 현상

- 다른 정치, 사회적 제도들과 스포츠와의 관계
- 스포츠에 있어 법률, 정의와 정치적 힘과 조직의 일반적 역할
- 스포츠와 일반적 선 혹은 공익

(4) 논리학적 접근: 철학적 연구방법 vs. 경험과학의 실증적 연구방법

- 연역적 추론의 논리
- 귀납적 추론의 논리
- 기술적 추론의 논리: 정신과학적, 해석학적, 현상학적 접근
- 변증법적, 비판적 논리

생각연습

01. 스포츠철학의 발달과정에서 연구주제(존재, 인식, 가치, 논리)가 변화되어왔다면 그 구체적인 연구주제의 변화 순서에 대하여 알아보자.

02. 스포츠철학의 연구영역이 다양함에도 불구하고 최근 국내 스포츠철학의 주된 관심분야가 스포츠윤리에 집중되고 있는 이유는 무엇인가?

03. 스포츠철학에서 논리학을 배워야하는 이유는 무엇인가?

참고문헌

이진수 · 정응근 · 김현덕 · 김창용(1992). 체육 · 스포츠철학. 서울: 교육과학사.

Osterhoudt, Robert G.(1978). An Introduction to the philosophy of physical education and sport. Stipse Publishing Company.

05

스포츠철학은 다른 학문들과 어떠한 차이가 있는가?

체육학은 순수학문이 아닌 응용학문이자 융합(종합) 학문이다. 체육학이라는 학문을 규명하기 위하여 크게 인문사회과학분야와 자연과학분야로 나뉘어 진다. 각 분야마다 체육학을 뒷받침하는 하위학문(Sub-discipline)이 존재한다. 물론 각각의 하위학문도 학문으로서의 정당성과 타당성은 확보하고 있다. 대표적으로 체육학의 인문사회과학분야에는 스포츠철학, 체육사, 스포츠사회학등이 있으며, 자연과학분야에는 운동생리학, 운동역학, 체육측정평가 등이 있다. 이 이외에도 다양한 하위학문이 존재하고 있다. 중요한 사실은 각 학문마다 독자성과 정체성을 가지고 있지만 체육·스포츠 현장에서

물음	체육사	운동생리학	스포츠사회학	스포츠철학
1. 놀이란 무엇인가?	우리는 고대문화에서 놀이의 예를 찾을 수 있는가?	놀이는 생리학적 각성을 지속하는데 어떤 작용을 하는가?	서로 다른 사회조직에서 놀이는 어떤 역할을 담당하는가?	놀이의 본질적 특성은 무엇인가? 그것은 일과 어떻게 다른가?
2. 규칙변용은 도덕적으로 용인될 수 있는가?	호머시대의 그리스인들은 게임규칙을 위반했으며 그리고 그들은 그렇게 하는 것이 도덕적으로 잘못되었다고 느끼는가?	선수들이 규칙을 위반했을 때 생리학적으로 어떤 변화가 있는가? 예를 들면, 심박수가 증가하는가?	규칙변용과 관련된 우리 사회의 준거는 무엇인가?	규칙변용이 도덕적으로 그른가. 또는 옳은가를 판단하기 위해 어떤 논증이 제시될 수 있는가?
3. 마지막 3m 다이빙은 아름다웠는가?	아름다움은 모든 문화에 영향을 미쳤는가? 미의 개념은 변화되어 왔는가?	아름다움을 수량화하는 방법은 있는가? 마지막 다이빙의 해부학적, 생리학적 요소들은 무엇인가?	우리사회는 미를 가치 있다고 여기는가? 우리는 다이빙에서 아름다움을 발견하고 평가하는 데 있어 사회화되었는가?	아름다움의 기준은 무엇인가? 그리고 마지막 다이빙은 그것을 충족시키는가?
4. 운동선수들은 왜 그렇게 자주 우둔하다고 여겨지는가?	이러한 현재의 태도를 설명하는 데 도움이 될 만한 역사적인 사건이나 힘이 존재하는가?	지능의 생리학적 척도는 존재하는가. 그리고 만일 있다면, 운동선수들은 일반인들과 어떻게 비교할 수 있는가?	운동선수들의 사회적 역할은 무엇인가? 그리고 이러한 역할들은 전형적으로 높은 지적 기대를 포함하는가?	다양한 유형의 지식이 존재하는가? 만일 그렇다면 각 유형이 얼마나 가치 있는가? 운동선수들이 전형적으로 알고 있는 것이 지식이라고 간주되는가?
5. 체육은 공립학교에서 필수이어야 하는가?	어떠한 역사적인 사례들이 필수체육의 장점과 단점에 대해서 이해하는데 도움이 될 것인가?	학교에서 필수과정으로 하는 것이 현명할 만큼 체육으로부터 얻은 건강상의 중요한 이점은 존재하는가?	사람들의 집단적 행동은 선택적인 환경과 대조적으로 선결조건으로 변화하는가?	체육의 가치는 무엇인가? 이러한 가치는 요구에 의한 자유의 상실을 정당화하는가?

* 출처: R. S. Kretchmar, 1994(김창룡 외 역, 2001)

일어나는 복잡하고 복합적인 문제와 주제 등을 해결하기 위해서는 적절하게 학제간 학문연구(inter-disciplinary), 교차학문연수(cross-disciplinary) 작업이 필요하다.

그럼 다른 하위학문과 스포츠철학이 특정주제에 대하여 접근하는 방법을 알아보자.

현재 한국체육학회 분과학회는 16개이다. 체육사, 체육철학, 체육정책학, 스포츠교육학, 스포츠사회학, 스포츠심리학, 여가레크리에이션, 무용학, 운동생리학, 운동역학, 사회체육학, 발육발달학, 체육측정평가, 스포츠영양학 등이다. 체육학이란 한 지붕에서 16개 학회가 함께 공존하고 있다. 이외에도 새로운 신생학문들이 계속해서 등장하고 있다. 스포츠인류학, 스포츠법학, 스포츠관광학, 스포츠미디어학 등 다양한 신생학문들이 생겨나고 있다.

1) 스포츠과학과 스포츠철학의 차이

스포츠과학과 스포츠철학의 차이는 스포츠가 융합학문이라는 성격 때문이다. 체육학은 인접학문과 학제간 연구, 교차적 연구를 통해서 신생학문이 만들어진다. 체육학 내에 자연과학, 사회과학, 인문과학 영역이 분리되어 존재한다. 운동생리학과 스포츠철학은 스포츠를 보는 관점의 차이가 크다. 운동생리학은 운동하는 몸에 대한 연구로 운동을 하면 몸이 어떤 변화를 보여주는가에 대하여 탐구하는 분야이다.

예를 들어 12주간의 웨이트 트레이닝이 혈압과 혈당 강하에 미치는 효과를 검증하고 실제 운동처방을 통해서 혈압과 혈당을 유지하는데 도움을 줄 수 있다. 이에 반하여 스포츠철학은 눈으로 확인할 수 없지만 스포츠 속으로 들어가서 스포츠하는 우리 몸의 존재, 가치, 인식의 문제를 연구하는 분야이다. 위 도표를 보면 다양한 물음이나 문제에 대해 각 하위학문에서 다양한 관심이 존재하는 것을 확인할 수 있다.

체육사는 지금으로부터 2500전 인류는 어떤 스포츠를 했는가에 대한 연구에 관심을 가지고 유적이나 벽화, 유물을 발굴하여 운동했던 인류의 흔적을 발견하고 그것을 통해서 새로운 역사를 정립하게 된다. 잉카제국에서 축구가 활성화 되었다는 것을 밝히기 위해서는 잉카제국의 유적지를 발굴하여 축구의 흔적을 찾아서 잉카제국에서 축구가 활성화되었다는 것을 밝힐 수 있다.

2) 스포츠 탐구의 다양한 관점

다양한 관점에서 스포츠를 탐구하여 다양한 결과를 도출해 낼 수 있다. 그렇기 때문에 인접학문에 대한 존중과 관심을 가지고 배우려는 자세가 무엇보다 중요하다. 자신의 전공분야가 최고라는 독난과 사만심에서 벗어나서 인접학문의 이론을 수용하여 자신의 연구분야의 깊이와 넓이를 확장하는 연구를 진행해야 할 것이다. 특히 체육학의 학문적 성장을 위해서는 자기성찰이 필요하고, 자기성찰은 스포츠철학을 통해서 가능하다.

생각연습

01. 운동생리학과 스포츠철학의 근본적인 학문의 차이는 어디에서 연유하는 것인가? 학문의 차이에도 불구하고 같은 체육학이라고 할 수 있는 이유는 무엇인가?

02. 융합학문으로서 체육학은 다양한 신생학문의 출현을 목격하고 있다. 자신이 생각할 때 새로운 신생학문의 출현을 기대할 수 있는 학문명칭과 연구대상은 어떤 것이 있는가?

참고문헌

크레치머(2001). 실천 및 현장중심의 스포츠철학. 김창룡, 안용규, 김홍식 역. 서울: 대한미디어.

Morgan, W. & K. Meier(1995). Philosophic inquiry in sport. Illinois: Human Kinetics.

PART 2

스포츠와 존재

01. 인간이란 무엇인가?

02. 놀이의 범주, 이론 및 기능은 무엇인가?

03. 운동하는 몸과 정신은 하나인가?

04. 육화된 신체는 무엇인가?

05. 경쟁은 왜 해야만 하는가?

06. 스포츠체험의 특성과 의미는 무엇인가?

01

인간이란 무엇인가?

인간이란 무엇인가? 이 물음은 고대로부터 현대에 이르기까지 자연에서 신 그리고 신에서 인간으로 세 축을 기점으로 옮겨진다. 그러나 이러한 관심의 변화는 일률적이기 보다는 동시대 철학자에 따라서 복합적으로 나타나기도 한다. 때문에 인간에 대한 정의는 그 어떤 정의보다 까다로운 주제이다.

철학사에서 인간은 생물학적(자연적, 동물적) 내지 사회적(공동체 및 국가를 형성하며, 문화를 만들고, 노동을 하는 따위) 현상으로 이해되기도 했으며 또한 종교적-인격적 존재(만물의 영장, 신을 닮은 존재, 육체-영혼) 내지 이성적 존재(이성의 용사, 정신의 최고 단계)로 정의되기도 하였다(한국철학사상연구회 편, 1989: 1044).

1) 철학자들의 인간에 대한 정의

철학자들의 인간에 대한 간단한 정의들을 살펴보면 다음과 같다.

- **공자(孔子)**: 사람은 천성적으로 거의 동등하다. 습관이 이들을 서로 갈라놓는다.
- **아낙사고라스(Anacsagoras)**: 인간은 손을 가지고 있기 때문에 가장 영리한 생명체이다.
- **프로타고라스(Protagoras)**: 인간은 만물의 척도이다.
- **플라톤(Platon)**: 인간은 실수를 하는 존재이다.
- **아리스토텔레스(Aristoteles)**: 인간은 사회적이고 이성적인 존재이다. 왜냐하면 언어를 가지고 있기 때문이다. 또한 인간은 정치적 동물이다.
- **키케로(Cicero)**: 인간은 이성과 인식의 능력을 가진 존재이다.
- **기독교**: 인간은 한편으로 하나님의 형상을 지닌 존재이며 그와 함께 자연 가운데서 선택된 존재이다. 다른 한편으로, 인간은 유한하고 죄짓고 하나님의 사랑을 필요로 하는 존재이다.
- **데카르트(Descartes)**: 인간은 기계 속에 거주하는 천사이다.
- **파스칼(Pascal)**: 인간은 무한자(절대자) 앞에서는 무(유한자)이고, 무(사물)에 대해서는 모두(영장)이며, 모두(절대자)와 무(사물)의 중간이다.
- **노자(老子)**: 모든 사람은 지배와 부와 향유에 대한 커다란 동경과 함께 마찬가지로 무위(無爲)에 대한 강한 경향을 가지고 세상에 태어난다.
- **칸트(Kant)**: 인간은 자기 자신을 완성시킬 수 있는 동물이다.
- **헤르더(Herder)**: 인간은 처음으로 자유로워진 자연이다(칸트의 계

몽주의적, 이성주의 철학을 반대)

- **마르크스**(Marx): 인간은 사회적 관계들의 앙상블이다(강순전 · 이진오, 2013: 38).

2) 인간에 대한 철학적 물음

인간에 대한 철학적 물음은 역사적으로 고대로부터 지속되어온 주제이다. 특히 인간이 비인간화된 현실과 당면하였을 때 더욱 진지하게 나타나게 된다. 세계 양차대전의 비인간적인 만행의 현실 속에서 '인간이란 무엇인가?'에 대한 물음은 더욱 진지하였을 것이다. 이러한 배경을 가진 철학적 인간학은 인간의 생물학적 조건에 의하여 다른 동물과 구별된 특징들을 조건으로 '정신'이 출현하고 이로 말미암아 인간에 대한 문화적 존재로써의 타당성을 높이고 있다.

예를 들어 철학적 인간학을 대표하는 막스 셸러(Scheler)는 인간은 신을 찾는 살아있는 존재로 규정하였으며, 겔렌(Gehlen)은 인간을 '생각하는 존재'도 아니고 또 동물적 자연본능에 좌우되는 존재도 아니지만 지각적으로 문화를 창조하는 존재라 강조하였다. 또한 인간을 결함 있는 존재이기에 정신(Geist)을 가진 존재로 이해하였다. 그러므로 인간을 이해하는 세 차원은 첫째, 생물학적 존재로써의 인간 둘째, 생물학적 한계 너머의 어떤 세계를 지향하는 존재 즉, 인간이 자신의 현재를 이해하고 해석하는 행위 또는 자신의 존재를 형성해가는 과정에 함께 작용하는 것을 의미한다. 셋째, 이상의 세계를 지향하는 초월성을 함께 사유하는 존재라고 할 수 있다.

그렇다면 인간은 물질발전의 최고 산물로서 생물학적인 본성으로 지상의 가장 고등한 동물인 유인원으로부터 생겨났으나 사회적 성격을 갖는다는 점에서 질적으로 다른 존재라고 할 수 있다(한국철학사상연구회 편역, 1989).

3) 인간 정신의 출현

인간의 존재를 특징짓는 '정신'이란 어떻게 출현하는가? 이러한 '정신'의 발생은 진화 생물학에 의하면 손의 사용과 직립보행에 있다. 형질인류학의 관점에서 인간화의 진화론적 기준은 '도구의 사용'에 있었으며 이를 근거로 인간은 '호모 하빌리스(Homo Habilis)'또는 '호모 파베르(Homo Faber)'라 불리게 되었다. 또한 '호모 사피엔스(Homo Sapiens)'라 불리는 현생인류는 약 15만 년 전 아프리카 동부 사바나 지역에서 탄생했다. 1974년 돈 요한슨(Don Johanson)의 연구진은 동부 아프리카 지역에서 유인원과 같은 뇌를 가졌고 직립보행을 했던 동물의 유골을 발굴하였다. 그는 이 유골에 당시 비틀즈(Beatles)의 노래제목에서 따온 '루시(Lucy)'라는 이름을 붙였다. 루시는 약 14만 5000년경에 아프리카 동부에 살았으며 현생인류의 직섭석 조상으로 간주되기 때문에 흔히 '아프리카 이브(Africa Eve)'리 불리기도 한다. 직립보행에 대한 결정적 단서는 1976년 화석유골을 탐사 중이던 메리 리키(Mary Leakey)팀의 일원이었던 앤드류 힐(Andrew Hill)이 오랜 풍화과정으로 노출된 화산재의 층 위에서 무언가 움푹 들어간 흔적을 발견하면서 직립의 단서를 찾게 되었다(조용현, 1996; 신승환, 2014). 이는 인간을 '호모 에렉투스(Homo Erectus)'라 불리게 되는 계기가 되었다.

4) 놀이하는 인간의 출현

이러한 인간의 특징을 바탕으로 인간을 다른 동물과 구분하여 이해하고 규정할 수 있는 또 하나의 신인류를 발견할 수 있다. 모든 문화현상의 기원을 '놀이'에 두고 있는 '호모 루덴스(Homo Ludens)'는 저자 호이징하(Johan Huizinga)의 예리한 학문적 통찰력을 동원하여 일컬어지고 있는 용어이다. 그러므로 도구 또는 물건을 만드는 인간 '호모 하빌리스(Homo Habilis)' 또는 '호모 파베르(Homo Faber)', 직립 보행하는 인간 '호모 에렉투스(Homo Erectus)', 합리적인 생각을 하는 인간 '호모 사피엔스(Homo Sapiens)'와 대등하게 놀이하는 인간 '호모 루덴스(Homo Ludens)'는 인류 지칭용어의 리스트에 등재되었다.

생각연습

01. 인간을 무엇이라고 규정할 수 있을까. 그렇게 규정할 수 있는 주된 특징은 무엇인가?

02. 호모 루덴스란 무엇이며, 어떤 특성을 보여주는가?

참고문헌

강순전 · 이진오(2013). 철학수업. 서울: 학이시습.

신승환(2014). 철학, 인간을 답하다. 서울: 21세기 북스.

조용현(1996). 정신은 어떻게 출현하는가? 서울: 서광사.

한국철학사상연구회 편(1989). 철학대사전. 서울: 동녘.

02

놀이의 범주, 이론 및 기능은 무엇인가? 2)

1) 놀이의 범주

놀이에 대하여 호이징하(Huizinga), 메쓰니(Metheny), 와이스(Weiss), 로이(Loy) 등 많은 학자들이 연구를 했다. 그들은 신체활동, 게임, 스포츠와 놀이의 유사점과 차이점 등을 밝히면서 인간 신체 움직임의 뿌리라 할 수 있는 놀이의 범주를 언급하였다. 이를 정리하여 카이와(Caillois)가 「놀이와 인간」이라는 고전적 저서에서 네 가지 놀이범주를 주장하였다.

---

2) 출처: 함정혜(1996). 놀이의 본질과 기능에 관한 연구. 움직임의 철학: 한국체육철학회지. 4(1), 31－45.

첫째, 아곤(Agon)은 그리스어로 시합이나 경기를 말하고, 알레아(Alea)는 라틴어로 요행, 우연 등을 뜻한다. 또한 미미크리(Mimicry)는 영어단어 그대로 모방, 흉내, 의태 등을 말한다. 마지막으로 이링크스(Ilinx)는 그리스어로 소용돌이를 뜻한다.

네 가지 분류는 각각 독자적인 특성을 유지하고 있지만, '놀이한다(논다)'는 공통점도 포함하고 있다.

실례로 축구, 농구, 골프, 또는 체스를 하면서 논다(아곤). 제비뽑기, 주사위던지기를 하면서 논다(알레아). 소꿉장난, 의사놀이, 전쟁놀이, 덩크슛 흉내를 내면서 논다(미미크리). 스키, 행글라이딩, 바나나보트, 바이킹타기를 하면서 논다(이링크스).

또한 이 모든 놀이를 두 가지 의미로 구분할 수 있다. 하나는 파이디아(Paidia: 그리스어로 놀이란 뜻인데 유희, 어린아이와 같은 이란 뜻이다). 파이디아의 원리는 기분전환, 소란스러움, 자유로움, 대범한 발산 등이다. 다른 하나는 루두스(Ludus: 라틴어로 역시 놀이란 뜻이지만 경쟁, 투기, 경기란 뜻이다). 루두스는 자연적으로 놀이를 하여 어떠한 결과에 이르기보다는 강제적이고 일정하게 불편한 규칙에 따르게 하고 좀 더 상황을 어렵게 만들어 결과를 얻기 위해 많은 노력, 인내, 기술 등을 요구한다. 이러한 측면에서 볼 때 파이디아와 루두스는 상반된 상극을 이루고 있다.

좀 더 숙고할 점은 하나의 놀이를 네 가지 범주 중 하나에 국한시키는 것은 무리라는 것이다. 한 가지 분류에 완전히 속하는 놀이도 있고, 혼합된 형태의 놀이가 될 수도 있다. 놀이의 네 가지 범주의 특징을 살펴보았다.

(1) 아곤(Agon)

아곤에 속한 놀이는 모두 경쟁이라는 속성을 가지고 있다. 경쟁의 기본원칙인 합리적인 조건에서 경쟁자들이 싸울 수 있도록 기회를 균등히 하고 같은 조건을 부여하며, 정해진 규칙에 따라 투쟁하는 것이다. 이때 아곤의 의미에서 경쟁은 결과에서의 승리를 조건으로 한다. 승리를 위해 투쟁하기 위해서는 경쟁자들이 자신의 강한 체력, 부단한 노력, 강한 정신력, 집중력, 뛰어난 기술적 능력, 희생정신 등이 요구된다. 승자는 가장 우월한 사람이다. 우월하다는 것은 경기자들 가운데 가장 뛰어난 것을 의미한다. 올림픽이나 세계대회에서 금메달을 따는 것이 우월성의 표현이다. 또한 자신이 우승하기 위해서는 함께 경기하는 사람은 적대적 상대가 될 수밖에 없다. 모든 사람들은 경쟁에서 자신의 우수성, 즉 우월성을 인정받고 싶어 한다. 이러한 면이 아곤이 가지는 폐해일 수 있다. 왜냐하면 우승을 하거나 금메달을 따는 사람은 극히 소수에 불과하고 은메달이나 동메달을 딴 선수들은 그들의 피나는 노력에도 불구하고 제대로 인정을 받지 못하기 때문이다.

(2) 알레아(Alea)

알레아는 라틴어로 주사위놀이를 의미한다. 놀이하는 사람의 능동적인 노력과 의지에 의해 결과가 나오는 것이 아니라 단지 운에 의해 결정이 주어진다. 운명이나 운(chance)에 따라 승자와 패자가 결정되는 것이다. 즐기기 위해 골프를 하면서 각 홀마다 뽑기를 해서 이기는 편 두 사람이 이득을 얻는 놀이가 성행하고 있다. 이는 자신의 골프실력과는 무관하게 잘하고도 뽑기를 잘못해 불이득을

당하는 것 자체가 더욱 놀이의 즐거움을 주는 계기가 되기도 한다.

알레아는 놀이하는 사람이 자신의 자질, 능력, 기량 등을 발휘하지 못하고 수동적인 상태에 머무르게 한다. 그렇다고 불공평하다고 단정적으로 말 할 수는 없다. 이 경우 공평의 원리는 그가 위험을 감수한 만큼의 보상이 기대되기 때문이다. 아곤은 모든 결과가 자신의 책임으로 돌아가지만 알레아는 자신의 의지와 능력 등을 포기하고 운에 자신을 맡기는 것이다.

아곤과 알레아가 아주 상반된 경우라고 보이지만 양자가 동일한 규정이나 규칙을 따르고 평등한 기회를 가진다는 면에서는 일맥상통한다.

(3) 미미크리(Mimicry)

미미크리는 놀이의 범주 중 어린이들의 놀이 형태에서 가장 다양하게 나타나는 것이다. 이는 말 그대로 모방이고 허구적인 성격을 띠고 있다. 놀이하는 자신이 실제가 아닌 가공의 인물이 되어 그에 걸맞은 행동을 하면서 즐거움을 느끼고 쾌감을 느끼는 것이다. 대표적인 예가 소꿉장난, 의사놀이 등인데 놀이하는 사람이 자신을 다른 존재라고 믿거나 허구임에도 불구하고 자신이나 타인에게 믿게 하면서 노는 것이다. 예를 들어, 소꿉장난을 하면서 엄마, 아빠역할을 하는 아이들의 모습이나 의사놀이를 하면서 의사, 간호사, 환자등 역할분담을 하면서 노는 모습을 보면 쉽게 이해할 수 있다.

아이들은 이러한 놀이를 통해 역할모델을 사회화할 수 있고 자신이 좋아하고 잘 할 수 있는 일에 대한 기대를 높일 수 있다. 또한 놀이를 통한 모방은 어린이에게만 국한되어 있는 것이 아니다. 성인들은 어린 시절에 즐기던 전쟁놀이를 성인에 맞게 재구성하여 서

바이벌 게임을 즐기고 있다.

(4) 일링크스(Ilinx)

마지막 놀이의 범주는 일링크스이다. 이는 현기증이나 어지럼증, 평형성의 상실 등을 추구하는 것이다. 고통을 느끼기보다는 일시적으로 인간의 지각의 안정이나 평형성을 파괴하고 기분 좋은 패닉, 공포상태를 일으키고자 하는 시도이다.

현기증을 일으키는 지각과 감각의 혼란은 그 자체를 위한 혼란으로 일상적인 놀이에서도 찾아볼 수 있다. 예를 들어 아이들이 놀이동산에서 청룡열차를 타거나 바이킹을 즐기는 것이다. 또 다른 예로 이슬람 수도승들은 계속 빨라지는 북소리에 맞추어 이슬람 경서가 쓰여 있는 원통을 장시간 돌리면서 도는 동안 황홀상태 혹은 패닉상태에 빠지는 관습을 현재까지도 하고 있다.

또한 평형성의 상실은 요즘 젊은이들이 즐기는 번지점프, 스키, 행글라이딩에서도 볼 수 있다. 아이러니하게 평형성이나 항상성을 유지하는 것이 인간의 신체를 유지하는 방법임에도 불구하고 다양한 놀이나 스포츠를 통해 그것을 깨뜨리면서 일상에서는 맛볼 수 없는 일종의 색다른 쾌감을 느끼는 것이다.

2) 놀이 이론

놀이에 대한 이론들은 엘리스(Ellis)의 「Why people play, 1973」의 저서에 잘 소개되어 있다. 그녀는 놀이이론을 시대적으로 분류하고, 고전적 이론, 근대적 이론, 현대적 이론의 내용들을 정리하였다. 또한 연도에 따른 시대적 분류라기보다 고전적, 근대적, 현대적 이론은 나름대로 특징을 가지고 있다. 고전적 이론은 인간의 생리학적 원리에 근거하여 놀이를 도구적, 수단적 가치로 보았으며, 근대적 이론은 18 ~ 19C 근대 교육심리학 이론의 영향을 받으며 놀이를 인과관계로 설명하였다. 반면 현대 이론은 놀이 자체의 내재적 가치나 실존적 가치를 인정하고 놀이 자체의 중요성을 강조하고 있다.

고전적 이론으로는 잉여 에너지론, 본능론, 준비론, 재현론, 휴양론 등이 있고 근대적 이론으로는 일반화 이론, 보상론, 정화론, 정신분석론, 발달론, 학습론 등이 있다. 현대적 이론은 각성된 탐구로서의 놀이론, 능력/효과론 등이 있다.

그러나 이러한 시도는 놀이에 대한 도구적 가치와 일련된 인과관계를 갖는 행동양식의 하나로 인정하는데 기여하였을 뿐 놀이 자체에 대한 연구라고 볼 수는 없다. 그럼에도 불구하고 이러한 분류는 놀이를 더욱 진지한 관점에서 이해하려는 시도로써 실존주의적 가능성과 내재적 가치에 연구의 초점을 두게 한 계기가 되었다.

시대	이론	관계이론가	내용	비판
고전적 이론들 (도구적 가치 인정)	잉여에너지론 (Surplus Energy Theory)	Spencer Schiller Levy	생존 욕구 외 남는 잉여에너지가 놀이의 원인	어린이는 피곤하거나 지쳐도 놀이를 하므로 놀이에 반드시 잉여에너지가 필요한 것은 아니다.
	본능론 (Instinct Theory)	Ardrey Morris	비학습된 능력인 선천성(본능)이 놀이의 원인	놀이적 환경과 사회의 영향을 무시, 인간의 본능을 동물의 사례연구를 통해서 이해한다.
	준비론 (Preparation Theory)	Groos	다음 생활을 준비하기 위한 놀이하는 사람의 노력이 놀이의 원인	적합하게 준비가 된 성인도 놀이를 지속한다.
	재현론 (Recapitulation Theory)	Hall	역사적 발전과정에서 되풀이되는 양식이 재현되는 것이 놀이의 원인	종의 발달을 반영하고 있는 놀이의 발달에는 직선적인 진보는 없으며, 예전의 진보적인 놀이 활동을 모두 설명할 수 없다.
	휴양론 (Relaxation Theory)	Patrick	일을 위하여 회복하기 위한 반응을 나타내는 개인적인 욕구가 놀이의 원인	일에서 이용되는 활동을 놀이에 이용하기도 하며, 일을 하지 않는 어린이의 놀이는 설명할 수 없다.
근대적 이론들 (인과관계적의미 포함)	일반이론 (Generalization Theory)		일에서 긍정적 보상받아 왔던 경험들을 놀이에 이용하여 일반화하는 경향	취학 전 어린이의 놀이를 설명할 수 없으며 적어도 보상이 있는 경험의 측면을 가정하고 있다.

시대	이론	관계이론가	내용	비판
근대적 이론들 (인과관계적의미 포함)	보상론 (Compensation Theory)		일하면서 얻어지지 못하거나 충족되지 않은 심리적 욕구를 보상 받으려는 경향	취학 전 어린이의 놀이를 설명할 수 없고 어떤 욕구를 충족시키지 못하거나 손상된 것을 가정하고 있다.
	정화론 (Catharsis Theory)		혼란스러운 감정을 위험하지 않은 방법으로 사회적으로 표현할 수 있는 욕구에 의함(예. 공격성)	적대감이 보상적 행동의 원인이 된다는 기본전제와 공격성 등을 가정하고 있다.
	정신분석론 (Pscychoanalytic Theory)	Levy	불쾌함을 놀이형식으로 반복하게 하여 심각성을 해소하고 융화를 가져옴	놀이가 불쾌한 경험들의 결과를 감소시키기 위한 요구에 의해 동기화된다는 것을 가정하지 않는 것을 무시하고 있다.
	발달론 (Developmental Theory)		어린이의 마음이 발달함에 따라 놀이는 어린이의 지적성장에 기여	지적으로 발달하지 않은 때나 그 발달이 끝나도 놀이는 계속된다.
	학습론 (Learning Theory)		놀이를 학습을 유발하는 정신적인 과정의 하나로서 이해	일관된 인과관계가 나타나지 않는 상황에서의 행동은 설명될 수 없으며 개인의 유전적인 선천성에 의해 나타난 원초적인 측면을 설명할 수 없다.
현대적 이론들 (놀이의 내재적 가치에 관심)	각성 탐구로서의 놀이론 (play of Arousals)	Houston	환경 또는 개인적으로 최적정 각성수준으로 상승하는 자아와의 상호작용을 위한 요구에 의함	일과 놀이의 문제를 동등하게 다루는 것을 제외하고 상당히 포괄적인 이론이다.

시대	이론	관계이론가	내용	비판
	능력/효과론 (Competence Theory)	White	환경 속에서 어떤 결과를 얻기 위한 요구, 그런 결과는 능력을 과시하는 것과 효력감, 효능감을 느끼게 함	이 이론은 완벽하게 어떤 결과를 보이고 있는지 아닌지에 대한 지속적인 연구가 필요. 능력/효과행동은 각성탐구의 한 종류라는 논란이 될 수 있다.

3) 놀이의 기능

앞의 표에서 보여주는 바와 같이 고전적 이론이나 근대적 이론은 놀이행동이나 자세 그 자체에 가치를 두기보다는 놀이를 하나의 수단이나 도구화 하거나 인간생활에서 그렇게 될 수밖에 없는 원인과 결과의 관계로 설명하고 있다. 또한 근대까지의 이론은 놀이의 본질에 대한 이해에서 출발하지 않았고 놀이의 대상을 유아에 맞추어 각 이론에는 많은 오류와 비판점이 따른다. 그러나 현대에 들어오면서 놀이 자체가 가지는 기능적인 면, 즉 인간의 삶 속에 영원히 함께 존재하며, 극단적으로 삶 자체가 놀이의 기능일 수도 있는 본질－실존적, 내재적 의미와 놀이자세－에 관심을 집중시키고 있다.

(1) 놀이의 실존적 기능

놀이를 그 자체로서가 아니라 외적인 가치에 관심을 갖는 것은 놀이의 수단적인 이해를 가져온다. 그 동안 놀이를 부정하는 입장(예를 들어 북미와 서유럽 사회에서는 노동의 윤리를 강조한 나머지 '놀이는 악마가 만들어 놓은 것'이라고 하였다.)은 놀이의 내재적 가치인 즐거움보다 일과 반대의 개념에서 생물학적 가치, 심리학적 가치, 현실 도피적 가치 그리고 교육이나 성격형성을 목적으로 하는 놀이로만 인정하였다. 이러한 발상은 놀이를 생활에서 가장 중요한 활동인 일이 끝난 후에 이루어지거나 일을 위해서 이루어지는 부수적인 활동으로 이해되기 쉽다.

그러나 놀이의 실재적인 기능은 종합적인 존재로서의 인간이해를 근거로 인간이 놀이할 수 있는 가능성이나 힘이 놀이 자체의 목적으로 존재한다는 삶의 궁극적인 양식이라는 점에 있다. 카플란(Caplan)은「놀이의 힘」이란 저서에서 아동놀이의 기능들을 운동 발달적, 정서적, 지적활동의 종합적인 교육형태로 인정하였다. 이렇듯 놀이가 목적을 갖는 일과 비슷하게 되거나 놀이하는 즐거움이 줄어든다면 놀이는 더욱 정당화될 수 없을 것이다.

(2) 놀이의 내재적 기능

호이징하(Huizinga)에 의하면 놀이는 의미 있는 인간행동의 형태라고 하였다. 창조적인 활동인 놀이를 하려는 내적동기는 참여를 유발하여 즐거움을 느끼게 한다. 노박(Novak)은「스포츠의 즐거움」에서 놀이, 게임, 스포츠에 대해 중요한 의미를 부여하고 일, 정치, 역사를 거짓된 세계로 비판하였다. 또한 해리스(Harris)는 놀이를 내재적으로 동기화되고 그 자체를 목적으로 즐기는 것으로 정의하고 놀이의 내적 특성을 중심으로 세 가지 동기구조를 다음과 같이 이해하였다.

1. 인간의 중대함은 환경 내에서 최적 수준의 숭고함 내지 복합성을 감지하는 것을 필요로 한다.

② 내적 동기로 나타나는 이차적인 감지는 개인능력의 인식으로서 자신의 능력에 대한 정보를 받아들이는 개인을 위하여 중요한 것이다.

③ 그 다음의 감지는 집중하는 모든 것을 포함한 종합적인 내적 동기와 관련되어 있다.

그녀는 즐거움은 놀이의 주요 동기이며 즐거움의 특징인 숭고성 추구, 전체적인 집중, 지루함과 불안감의 심리적 중간상태 추구 등을 놀이하기 위한 기본적인 내적 동기와 동일하게 간주하였다. 클라이버(Kleiber)는 놀이의 내재적 기능이 파괴될 수 있는 가능성을 아래와 같이 서술하였다.

> 돈이나 다른 부상으로 승인되는 결과들은 팀원이나 게임 자체에서가 아닌 코치와 가족에 의해서 제공된다. 이러한 결과에 대한 진지함은 여유 있는 동화감을 배제한다. 또한 이기는 데에 큰 기쁨을 가진다고 해도 이러한 배경에서는 놀이하는 과정의 즐거움은 작아지고, 지는 결과가 놀이의 즐거움을 파괴하기도 한다. 그러므로 어른들의 평가와 다른 외적 결과의 인식은 어떤 의미에서 놀이라고 하기에 어려울 정도로 놀이의 특성을 변질시킬 수 있다. 즉, 놀이는 즐거움에서 출발하는 자발적 활동이고 그것이 내재화 되는 것이 놀이의 기능이며 다른 무엇도 개입될 수 없는 고유한 것이다.

(3) 자세로써의 놀이

놀이가 활동으로 간주될 때 놀이는 시·공간적 제한을 갖는다. 이러한 제한은 사람들이 놀이를 할 것인가 아닌가에 대한 근거를 제시할 수 없으며, 이러한 질문에 대한 근거는 놀이하는 태도와 심리적인 상태 혹은 자세에 따라 놀이의 의미를 갖게 된다. 일이 높이 평가되는 사회에서 허용된 놀이는 때로는 죄악시되기도 하고, 일의 능률을 위해서 소모되는 자유시간으로 인식되었다. 그러므로 일에서 얻어지는 만족감이나 사회적 정당성은 놀이 안에서 찾을 수 없으며 이러한 관점은 놀이에 대하여 부정적일 수 밖에 없다(Meier, 1975).

그러나 자세로서의 놀이는 존재양식이라고 할 수 있다. 놀이하는 것은 그 자체가 만족하는 방식이며 세계에 접근하고 확장하는 방식이며 곧 자세로 설명될 수 있다. 태도는 사물에 대한 사고방법이며 세계로 향한 정신적 지향인 반면, 자세는 태도보다 더욱 깊숙이 고착된 것으로 인간존재의 모든 면을 반영하고 있다. 자세는 지적능력을 초월한 것으로 세계를 향한 존재양식이 된다(Rochnik, 1975). 이러한 총체적인 참여의 결과, 놀이는 놀이 자체에 그 의미와 가치를 갖는다. 여기서 놀이의 메커니즘은 놀이자세 －개방된 결과에 대한 반응 가능성－에 있으며 전체적인 참여를 필요로 하는 놀이에 그 매력이 있다.

놀이는 우리가 전체의 감각과 완성에의 친밀성을 반복하고 재반복하여 달성할 수 있는 한 현상이며 반응성이 열려져 있다는 것은 바로 그 자체의 자세에 근거한다는 것을 의미한다. 그러므로 놀이는 활동으로 이해할 수도 있지만 태도 그리고 정신상태 혹은 자세로서 이해할 때 그 본질적인 가치를 찾을 수 있을 것이다.

5) 놀이의 필요성

인간은 놀이를 할 수 있는 본질적이고 보편적인 능력을 소유하고 있다. 즉, 우리가 더욱더 우리 자신을 세속적인 삶으로부터 분리시키고, 우리가 만들어낸 비목적적인 질서에 복종하면 할수록 우리의 인간성을 실현하는 데 좀 더 가까워질 수 있다(예, 놀이). 반면, 이러한 질서가 특정의 도구적 목적을 향해 재구성되면 될수록 우리는 인간성의 실현으로부터 더욱 멀어지게 된다. 놀이에서 나타나는 자발성이나 자유의 개념은 스포츠가 본래 가지는 놀이의 순수한 목적을 잃고 수단화될 때 더욱 필요한 속성이다. 이는 오늘날 스포츠에 대한 교훈이기도 하고 스포츠가 본래의 모습으로 나가기 위한 덕목이기도 하다.

놀이의 본질로서 가장 중요한 것은 자유의 개념과 맞물리는 내재적, 자기 목적적 활동이라는 점이다. 인간의 신체움직임은 원초적이며 근본적이다. 따라서 놀이에서 나타나는 자기 목적적이고 내재된 자기표현과 즐거움은 현대인의 삶의 질에 지대한 공헌을 하는 것이다.

생각연습

01. 카이와의 놀이분류(경쟁, 운, 모의, 현기증)를 현대 놀이에 적용할 때 분류할 수 없는 놀이가 있다면 무엇인가? 그리고 현재 온라인 게임은 어떤 놀이로 분류할 수 있을까?

02. 대표적인 놀이학자라고 할 수 있는 호이징하의 놀이론과 카이와의 놀이론을 비교할 때 어떤 차이가 있는가?

03. 놀이를 자세로 보는 이유는 무엇인가?

참고문헌

Caillois, R.(1979). The classification of games. In Sport and the body(2nd ed.), E.W. Gerber & W.J. Morgan(eds.). Philadelphia: Lea & Febiger.

Edward. H.(1973). Sociology of sport. Homewood. IL: Dorsey Press.

Luschen. G.(1967). The sociology of sport: Attend report and bibliography. Current Sociology. 15(3).

Nobak. M.(1976). The joy of sports. NY: Basic Books.

Schmitz. K. L.(1979). Sport and play: Suspension of the ordinary. In Sport and the body(2nd ed.), E.W. Gerber & W. J. Morgan(eds,) Philadelphia: Lea & Febiger.

Snyder. E. E. & Spreitzer, E. A.(1983). Social aspects of sport. Englewood Cliffs, N. J.: Prentice－Hall.

Caillois, R. 저, 이상률 역 (2003). 놀이와 인간. 서울: 문예출판사.

03

운동하는 몸과 정신은 하나인가?

모리트 코넬리 에셔(Maurits Cornelis Escher)의 「천사와 악마」이다. 그는 네덜란드의 판화가로 기하학적 원리와 수학적 개념을 예술에 대입하여 무한한 공간의 확장과 반복의 테셀레이션(Tessellation) 3)을 창

---

3) 테셀레이션은 한 가지 이상의 도형을 이용해 포개짐 없이 평면이나 공간을 완전하게 덮는 것이다. 대립적인 이미지인 천사와 악마를 무한 반복한 위의 작품은 선과 악이 서로 맞물려 공존하는 그림이다. 어떤 사람은 위의 그림을 통해 천사가 먼저 보이고, 또 다른 어떤 이는 악마를 본다. 무엇이 먼저이고 무엇이 주체와 객체인지 구분하기 어렵다. 결국 위의 그림은 무늬가 반복된 원을 본다는 점에서 몸과 정신에 대한 해석적 측면과 시각적 차이 등의 대립된 대상에 대한 집중이 의미가 없다는 것을 동시에 이야기할 수 있지 않을까. 결국 우리는 대립된 두 가지 소재가 반복된 가운데 조화를 이룬 하나의 작품을 보는 것이다.

안하였다.

‘인간의 몸과 정신은 나눠질 수 있는가, 혹은 통합된 형태로 하나인가?’ 라는 형이상학적 질문은 인간이 철학적 사고가 가능한 시기부터 시작되었다고 볼 수 있다. 고대 그리스 시대부터 현재에 이르기까지 인간사의 주요 사상 및 관심사와 함께 점차 변화되어온 심신론에 대하여 알아보자.

일반적으로 심신론은 이원론(몸과 정신이 분리)과 일원론(몸과 정신이 통합된 실체)으로 나누어 볼 수 있다. 주지주의적 측면이 강하여 객관적 학문이 진리로 통용되던 근대까지 심신론은 이원론적 생각이 지배적이었다. 여기서 정신은 몸에 비해 더욱 고귀하고 순수하며 영원하고 신성한 것으로, 반면에 몸은 중세시대를 거치며 죄의 근원, 천박하고 순수하지 못한 존재로서 물질적인 것으로 간주되어왔다.

1) 심신론에 대한 논의

(1) 플라톤(Platon)

고대 철학사 플라톤은 합리적 이성주의를 주장하며 영혼을 고양된 세계로 나가는 통로로 보았다. 이에 몸을 ‘영혼의 감옥’으로 이데아(Idea)에 이르는 데 방해하는 장애물로 본다. 이와 같이 플라톤은 영혼과 비교해 볼 때 상대적으로 몸에는 낮은 가치를 부여했으나, 이는 완전한 부정이 아니라 ‘영혼을 보호하는 공간 개념’으로 몸과 정신의 관계를 본 것이다. 신체는 플라톤 철학의 가장 중요한 가치인 이데아에 영혼이 도달하기 위한 디딤돌이기 때문에 심신이 조화를 이룬 상태를 가장 이상적인 상태라고 하였다.

(2) 데카르트(Descartes)

중세 이후 데카르트는 "나는 생각한다. 그러므로 나는 존재한다.(cogito ergo sum)"를 통해 몸을 정신의 대립된 가치로 판단했다. 사유가 인간 존재의 본질적 요소이기에 정신은 지식의 중요한 매체로서 감각이지만 신체는 거짓, 허구의 것으로 전제하였다. 데카르트의 이론은 논리와 과학에 많은 공헌을 했으나 판단의 근거를 두 가지로 나누려는 이분법적인 사고의 폐단을 가져오기도 했다. 즉, 선과 악, 흑과 백, 이론과 실천, 노동과 놀이, 몸과 마음, 정신과 신체 등이 그것이다.

(3) 존 로크(John Locke)

존 로크는 감각이 지식의 근원이며 신체가 세계에 접근하는 매체로서 모든 지식이 신체감각이라는 경험(empiricism)에 의해 생성되고, 빈 백지(tabula rasa)라고 불리는 마음에 하나씩 새겨진다고 보았다. 유물론적 입장에서 토마스 홉스(Thomas Hobbs) 또한 경험에 기초한 지식을 강조하여 인간은 통일적 존재(a unified existence)로 신체

의 실체를 규명하려는 시도를 하였다. 즉 모든 현상에는 인과관계가 있어서 정신적인 현상인 사고, 정서, 동기유발 등도 관찰되고 예견될 수 있는 것으로 물질적이라는 것이다.

(4) 윌리엄 제임스(William James)

20세기에 이르러 일원론적 시각이 주를 이루는데, 실용주의자로 일컬어지는 윌리엄 제임스는 반 주지주의적 경향을 보이면서 경험(experience)을 중시하였다. 즉 유용성의 규범에 근거하여 절대적 진리를 거부하고 진리의 근원은 '경험'에 있다고 주장하였다. 따라서 입증할 수 있는 진리는 실천 속에서 검증되어야 하며 실천적 측면이 결여된 이원론은 무의미 하다고 보았다. 존 듀이(John Dewey)는 모든 지식이 경험에 근거하기 때문에 신체활동은 인간 지식의 기초로서 체육이 전인교육의 개념으로 다루어지는 데 중추적 역할을 하였다.

2) 심신론의 새로운 해석: 통합적 존재

실존주의자들을 몸을 인간 실존의 원형으로서 경험에 의해 끊임없이 현존하는 잠재적 지평으로 해석한다. 즉, 이전의 객관적인 몸, 물질적인 몸과 근본적으로 대비되는 '살아있는 몸', '체현된 몸', '현상적인 몸'으로서 인간의 주체적 구조가 신체라는 것이다. 따라서 인간을 객관적으로 보지 않고 주관적으로 이해하며 그 자신을 목적으로 생각하기 때문에 나아가 인간이 체제에 복종하는 것이 아니라 인간은 자신의 자유의지에 따라 자유롭게 선택하는 것이라고 주장한다.

(1) 사르트르(Jean Paul Sartre)

사르트르는 신체는 '세계로의 접근 수단'이며 '세계와의 교신 수단'으로 보고 인간이 자신의 신체를 경험할 때 신체는 경험의 중심이며 주체가 된다고 하였다. 이를 제3차원적 신체로 설명했는데, 제1차원은 대자－의식을 신체로 보는 시각이고, 제2차원은 대타－신체로서 타자의 시선에 비추어진 나의 신체를 의미한다. 제3차원은 '나의－타자를－위해－거기에－있는 존재'로서 자신의 신체를 반성적으로 이해하는 것을 의미한다. 즉, 신체는 소유하는(I have my body)것이 아니라 세계 속에서 나 자신은 내 존재(I an my body)인 것이다.

(2) 메를로 퐁티(Merleanu Ponty)

메를로 퐁티는 자신의 신체경험에 초점을 맞추어 정신은 몸의 특수한 하나의 기능으로서 '체화된 의식(embodied cogito)'이며 실존경험은 신체와 의식이 만나는 하나의 현상으로 개념화하였다. 또한 '세계－내의－존재'인 몸은 세계와 관계를

맺는 존재이기 때문에 '세계 안에 있는 몸'인 동시에 '세계를 향해 나아가는 몸'으로서 능동적인 존재인 것이다. 이를 종합하는 의미에서 가브리엘 마르셀(Gabriel Marcel) 역시 '나는 나의 신체이다' 즉, "I do not make use of my body, I am my body"라는 말을 남겼다. 따라서 신체는 정신에 예속되지 않으며 개인의 존재나 실존의 통합으로 생각되어야 한다. 이러한 차원에서 통합적 존재로서 전인교육이 중요하며 스포츠 체험을 통해 개인이 자기의 감각을 달성할 수 있다. 그리고 이러한 과정에서 신체활동은 의미 있고 자기 인식이 목적이 되는 운동에 의해 궁극적으로 자신의 경험을 창조하도록 하는 것이다.

3) 소메틱(Somatic)

토마스 한나(Thomas Hanna)는 인간과 자연환경을 서로 연결하여 상호 밀접한 관계를 맺는 찰스 다윈(Darwin)의 진화론에서 착안하여 몸에 접근하였다. 몸의 제1자의 의식과 생물학적 작용 그리고 환경과의 관계가 단단히 얽혀 신체와 정신 및 환경 간의 총체적 관계에서 소메틱(Somatic)연구를 창안하였다. 소메틱 연구에서 소마(Soma)는 살아있는 신체, 자아를 의미하며 객관적이고 과학적인 제3자의 관점으로 해석될 것이 아니라, 오히려 제1자로서 느끼는 몸의 중요성이 강조된다. 함정혜는 'Somatic 심신관에 따른 신체활동과 스포츠 경험의 질적 연구'라는 논문에서 이론적, 실제적 근거를 제공하는 소메틱에 초점을 두고 스포츠 경험과 신체 움직임에 대한 본질적인 이해가 가능하고 이는 나아가 체육사상의 학문적 기반을 다지는 데 기여할 수 있다고 보았다. 특히 소마는 현상을 일반적이고 수동적인 관찰에 의해 인지하는 것과 달리, 즉각적이고 스스로 관찰되는 정보들을 끊임없이 주고받는다. 이러한 과정에서 생성된 정보들은 일반적인 법칙의 개입과 해석이 필요치 않은 것으로 보아 소메틱에 의한 자기 자신의 관찰이 곧 사실이라고 하였다.

소메틱은 제1자로서 주관적인 관점으로 유기체의 상호작용에 의해 반응하는 구조로 성립된다. 또한 분절로서의 시점이 아닌 시간의 흐름에 따른 지속적인 기능이고 자연적인 상태에서 유기체로서 신체의 자유로운 움직임과 본질적 인지를 기본으로 한다. 그러므로 인간의 신체와 정신은 우주 안에서 통합적인 총체이고 여기에서 말하는 총체라는 것은 부분의 합이 아니라 온전한 하나로서 전체로 이해해야 한다.

인간 본질에 대한 전체적 관점과 일인자의 관점이 자기감지와 자기 조절을 가능하게 한다는 점에서 의식과 인식이 매우 중요한 의미를 갖는다.

몸과 마음에 대한 논의는 동전의 양면에 빗대어 설명하여 같은 사물에 대한 두 가지 관점이라고 이야기된다. <죽음이란 무엇인가>의 저자 셸리 케이건(Shelly Kagan)에 의하면 몸과 마음의 관계를 가장 이른 저녁에 뜨는 개밥바라기별과 새벽녘 가장 늦게 뜨는 샛별이 사실은 동일하게 금성이라는 설명으로 대신한다. 그러나 통합적 존재로서 신체에 대한 심층적 논의와 무수한 노력에도 불구하고 일반적으로 심신관은 이론과 실제 사이에서 모순을 보이고 있다는 지적도 이어지고 있다.

생각연습

01. 체육을 정의할 때 '신체의 교육'과 '신체를 통한 교육'이라고 정의한다. 심신론의 입장에서 어떻게 설명할 수 있는가?

02. 심신론에 입장에서 볼 때, 체육학에서 데카르트를 비판하고 메를로 퐁티를 인용하고 지지하는 주된 이유는 무엇인가?

03. 체육학을 전공하는 자신의 심신론에 대한 생각을 논리적으로 설명하시오.

참고문헌

함정혜(1995). Somatic 심신관에 따른 신체활동과 스포츠경험의 질적 연구. 한국여성체육학회지. 8.

04

육화된 신체는 무엇인가?

전통적으로 신체는 정신 또는 이성에 의하여 조정되거나 지배되는 대상으로 간주되어왔다. 근대 철학의 대표적인 철학자 데카르트의 합리론은 인간의 이성이 곧 인간의 존재를 알려주는 것으로 끊임없이 회의하고 사유하는 존재로서 인간을 이해하였다. 특히 합리론에 대한 경험론의 도전에서 조차도 인간은 더욱 기계적으로 이해되어 인간의 몸은 철학적인 탐구의 대상이기보다는 생물학적, 과학적, 기계론적인 대상으로 익숙해졌다.

그러나 고도화된 산업사회, 과학만능주의 그리고 현대 자본주의 사회에서 소멸되어가는 인간의 주체성 회복의 문제의식이 생기면서 인간이해는 실존주의, 현상학, 철학적 인간학, 비판철학 등에 의하여 새로운 패러다임을 맞이하게 되었다. 이제 인간의 몸(신체)은 철학적인 탐구의 주제로 부상하여 인간의 주체적인 삶을 가능하게 하는 몸의 지위를 회복하여야 할 과제를 만나게 되었다.

1) 몸의 지위 회복과 몸 연구

이러한 과제는 어떻게 해결될 수 있는가? 이미 몸을 연구의 대상으로 하는 학문분야는 다양하다. 우선, 의학적인 관점을 들 수 있다. 여기서 몸은 치유되어야 하는 것을 목적으로 한다. 또한 공학적인 관점에서 몸은 기계발명의 기본적인 구도를 제공하여 준다. 모든 인간을 위한 기계공학은 몸을 확장한 것으로부터 출발하고 있다. 이러한 차원에서 인간의 몸은 부분적으로 밝혀지는 대상이 된다. 그러나 인간의 주체적인 경험을 통하여 몸의 회복을 위해서는 철학적 탐구의 대상으로 옮겨져야 할 것이다.

스포츠와 체육은 인간 신체 움직임을 대상으로 하는 고유한 학문영역이다. 여기서 몸은 정적인 상태의 몸이 아니며 역동적으로 살아있는 몸이다. 또한 스포츠와 체육은 그 활동이 몸의 부분적인 집중을 요하는 움직임이기보다는 몸과 마음의 전체적인 조화와 작용을 요하는 총체적인 움직임을 통하여 가능하기 때문에 주체적인 인간움직임을 경험할 수 있는 분야라고 할 수 있다. 그렇다면 스포츠와 체육의 관점에서 몸은 어떤 의미를 가지고 있는가를 살펴보아야 한다.

일상적으로나 전문적으로 스포츠와 체육을 행하면서 경험할 수 있는 몸의 의미는 한 가지로 말할 수 없을 만큼 다양하다. 왜냐하면 시대적으로 문화적으로 인간의 생활양식이 지속적으로 변하는 동안 수많은 가치들이 동시에 공존해왔기 때문이다. 그러나 이러한 다양한 가치들을 연결시켜주는 본질적인 가치가 무엇인가는 반성적으로 성찰되어야 한다. 이러한 성찰의 기준을 현대 철학적 인간학의 창시자인 막스 셀러(Max Scheler)의 인간관에서 살펴볼 수 있다.

2) 막스 셀러(Max Scheler)의 인간관

(1) 인간의 본질회복

막스 셀러는 그 어느 시대보다 '인간의 회복'이 시급한 과제였던 20세기 초반에 『우주에서의 인간의 지위』라는 저서를 통하여 인간의 본질을 회복하기 위한 새로운 원리를 정립하였다. 셀러는 인간의 정신을 강조하는 과정에서 독특한 정신개념을 주장하였다. 즉, 그가 피력한 정신개념은 생물학적 단계로부터 원동력을 찾고 실현화될 수 있기 때문에 본질적으로 무력한 상태임을 강조한다.

또한 신체와 정신은 분리되는 것이 아니라 합일되어 행위로 옮겨지면서 인간정신의 가치가 드러난다고 하였다. 이러한 관점에서 인간의 신체는 즉 인간다운 몸의 의미는 정신의 생명화와 생명의 정신화라는 승화과정에서 육화된 정신의 방식을 가지고 있다. 이러한 육화된 정신으로서의 신체의 경험은 전인교육의 목적인 '강한 신체와 높은 정신'을 지향할 수 있는 이론적 근거이다.

그의 관점은 현대 자본주의 사회에서 스포츠와 체육 활동을 하면서 지나친 승리에 집착한 나머지 기능화된 생물학적 단계의 몸의 의미를 초월하여 이해하게 하였으며, 특히 심신합일의 신체관에 의하여 '자아향상', '행복', '주체성' 등을 추구할 수 있는 인간학적 토대를 스포츠철학에 제공하였다는데 이론적 의의를 가지고 있다.

(2) 성층적인 인간이해

셀러의 인간관에 나타난 또 다른 특징으로 성층적인 인간이해를 통한 몸의 의미를 살펴볼 수 있다. 즉, 그가 말하는 인간은 (1) 감각-충동적 단계, (2) 본능적 단계, (3) 연상적 기억 단계, (4) 실천적 지능단계, (5) 정신적 단계로 나누어 살펴볼 수 있지만 인간의 본질은 정신적 단계에 있음을 주장하였다. 그러므로 각 단계에서 가능한 인간움직임의 단계는 (1) 식물적인 움직임, (2) 초기동물적인 움직임, (3) 고등동물적인 움직임, (4) 유인원적 움직임, (5) 정신적인 움직임으로 이해될 수 있다. 인간움직임의 본질 역시 맨 마지막 단계인 '육화된 정신'의 단계에서 파악할 수 있다.

이러한 성층적 단계는 반드시 시간적인 순서에 의하여 진행되는 것이 아니며 단일적으로 또는 중복적으로 나타날 수 있는 움직임들이다. 더욱 구체적으로 첫째, 감각-충동적 단계에서는 자연적인 성장과 발달에 의하여 움직이는 식물적인 몸을 주체로 한다. 두 번째, 본능적 단계에서는 생득적이고 유전적인 행동을 하는 초기동물적인 몸을 주체로 한다. 세 번째, 연상적 기억단계에서는 반복경험에 의한 습관적 행동을 하는 고등동물적인 몸을 주체로 하며, 네 번째, 실천적 지능단계에서는 과거의 경험과 무관한 상황에서도 실용적인 행동으로 적용할 수 있는 유인원적인 몸을 주체로 한다. 마지막 다섯 번째, 정신적인 단계에서는 몸과 정신의 조화, 감성과 이성의 조화된 인격적인 몸을 주체로 한다. 결론적으로 셀러의 철학적 인간학의 주체에서 인간의 지위는 마지막 단계에 정립되었다. 그렇다면 인간의 주체적인 몸이 정신적 단계에 있다고 보는 그의 관점에서 스포츠와 체육을 하는 인간 움직임의 본질이 어느 단계에서 찾아볼 수 있는가는 자명한 일이다.

3) 운동하는 몸에 대한 시사점

현대 자본주의의 영향으로 운동선수의 몸이 하나의 기계 또는 상품으로 이해된다면 이러한 몸의 의미는 어떤 단계에 있는가? 오직 체중감량만을 위하여 살과의 전쟁을 치루고 있는 몸이 있다면? 기록갱신을 위하여 생명의 위험을 감수하더라도 약물복용을 시도하는 운동선수의 몸이 있다면? 가장 인간적인 인간움직임으로서의 스포츠는 어떻게 이해될 수 있는가?

스포츠의 신체활동은 식물적 움직임이나 동물적 움직임이 아니라 가장 인간적인 움직임이다. 스포츠는 공명정대한 페어플레이와 건전한 도전, 상대에 대한 이해와 상호간의 협력 그리고 상호존중과 배려 등의 미덕을 포함한 스포츠정신을 추구하며 몰입, 절정체험, 신비적 심신통일감 등을 경험할 수 있는 생동적인 기회를 제공한다. 더욱이 이러한 경험들은 스포츠의 문화와 전통으로 이어져 스포츠의 본질로 자리 잡아 왔음을 부인할 수 없다.

결론적으로 스포츠를 통하여 경험할 수 있는 몸의 의미는 육화된 정신의 실현이며 스포츠의 전통으로 이어져온 생각하는 몸 즉, 정신적인 몸의 의미를 경험하는 것이다.

생각연습

01. 운동하는 몸을 육화된 정신이라고 주장하는 근거는 무엇인가? 육화된 정신은 어떻게 체험할 수 있는가?

참고문헌

김영선(1996). 막스 셸러의 철학적 인간학에 나타난 신체의 의미. 미간행 석사학위논문. 이화여자대학교 대학원.

막스 셸러(2001). 우주에서 인간의 지위. 진교훈 역. 서울: 아카넷.

05

경쟁은 왜 해야만 하는가?

현대사회에서 경쟁은 삶의 당연한 모습인가? 그렇다면 경쟁은 왜 해야만 하는가? 이러한 문제들에 대하여 알피 콘(Alfie Kohn)은 그의 저서『경쟁에 반대한다』에서 경쟁에 관한 통속적인 신화들을 제시하고 역사적, 철학적, 사회문화적, 심리학적인 자료들을 분석함으로써 경쟁에 관한 다각적인 이해를 시도하였다. 경쟁에 관한 일반적인 견해(신화)들은 (1) 경쟁은 삶의 피할 수 없는 인간성의 하나이다. (2) 경쟁이 우리로 하여금 최선을 다하도록 만든 결과로 생산적일 수 있다. (3) 경쟁은 즐거움을 갖는 유일한 방법은 아니더라도 가장 좋은 방법이다. (4) 경쟁이 인격을 키우고 자신감을 얻는 데 좋다는 것이다.

이러한 신화들에 대한 콘의 반박을 자세히 살펴보면 경쟁이 반드시 삶에 필요한 것인가에 대한 답을 찾는 데 중요한 전환점을 얻을 수 있다. 뿐만 아니라 승리지상주의로 대표되는 현대 스포츠의 의미를 반성하고 스포츠의 진정한 모습이 무엇인가를 이해하는 데 도움이 된다.

1) 경쟁은 불가피한 인간성을 나타내는 것인가?

그에 의하면 경쟁은 타고난 것이 아니라 습득된 것이며 본성의 일부가 아니라 사회 구조적으로 육성된 것이다. 오히려 협력은 인간생활에 기본적이며 자연의 실상인 자연도태나 적자생존 역시 이를 말해주고 있다. 즉, 한 종이 주워진 환경에 잘 적응하면 할수록 장차 생존해 갈 확률이 더욱 높아진다. 이러한 현상은 경쟁을 필요로 하는 것이 아니라 반대로 경쟁을 억제하며 자연세계 안에서의 협력(동물들 간의 협력)을 도모해야 하는 것이다. 그러므로 경쟁이나 투쟁의 개념은 본질적으로 상호의존 관계 위에 얹혀있는 피상적인 것이라고 볼 수 있다.

이에 대한 근거로 혈족관계에 대한 연구들이 있다. 예를 들어 주니 인디언족, 이스라엘의 키부츠, 뉴기니아의 탕구족, 호주의 원주민, 일본인들이나 중국인들의 문화 안에서 입증되고 있다. 그러므로 경쟁을 인간의 본성으로 이해하는 데는 다소 무리가 있다고 할 수 있다. 다만 경쟁은 사회 문화적으로 의도적이고 구조적 차원에서 이해될 수 있을 것이다.

2) 경쟁은 더욱 생산적인가?

아론슨(Aronson)은 "특히 미국인들의 마음은 성공과 승리를 동일시하고, 잘하는 것과 남에게 이기는 것을 동일시하도록 훈련되어 있다"고 비판하였다. 즉, 성공과 경쟁은 결코 같은 것은 아니다. 또한 목표달성에 실패하는 것이 남에게 지는 것을 의미하는 것은 아니다. 또한 목표달성에 실패하는 것도 남에게 이기는 것에 달려 있는 것이 아니다. 타인에게 이기려고 하는 것이 타인과 협력하거나 또는 혼자 하는 것보다 일을 더 잘 할 수 있는가라는 물음에 대한 연구에 따르면, 우수한 작업에 있어서 경쟁이 필요없을 뿐 아니라 오히려 상호 간의 협력이 더욱 생산적이라는 것이다. 골드만(Goldman)의 카드실험, 즉 일을 하는 수단에 있어서 상호의존도가 높으면 높을수록 협력이 더욱 도움이 된다. 또한 위대한 업적을 남긴 경우 경쟁이 아니라 헌신이 오히려 더욱 필요하다. 일을 잘 하려는 것과 타인에게 이기려고 하는 것은 다른 것이다. 오히려 경쟁에 대한 집착은 일에 대한 주의를 빼앗고 외적인 결과에만 집중하게 하며, 내적인 동기가 급속히 감소한다.

철학자 존 맥머리(Jhon McMurty)는 다음과 같이 말하고 있다. "실제로 스포츠에서 승리를 추구하면 참다운 의미에서의 스포츠를 훌륭하게 할 가능성은 줄어든다. 우리가 승리하는 데 집중하면 스포츠를 훌륭하게 하는 데 소홀해진다. 이와 반대로 상을 타기 위한 경쟁과 탁월한 스포츠 수행 간에 인과관계가 있다고 추정하는 것은 우리가 흔히 범하는 과오이지만 이 과오는 문명화된 사상의 가장 뿌리 깊은 편견일지도 모른다." 오히려 경쟁은 사회의 공동성과 사회성의 상실을 가져오며 이기주의와 불안, 적대감, 강박관념, 개성의 억압 등의 결과들을 가져온다. 그러므로 경쟁이 생산성을 높여

준다는 일반적인 생각은 협력을 토대로 할 때 가능하다고 할 수 있다.

3) 경쟁은 더욱 즐겁게 해주는가?

스포츠는 경쟁적 활동으로 알려져 있지만 레너드(Leonard)에 의하면 "스포츠는 승리에 대해 과도하게 제도화되고 성문화된 숭배라고 할 만큼" 경쟁적임을 부인할 수 없다. 현대 스포츠의 승리에 대한 과도한 집착은 경쟁 스포츠를 가장 발달시킨 미국 사회의 지배적인 관습으로부터 기인된다. 사회학자 에드워드(Edward)는 우연히 뉴욕의 시장선거가 한창 치열할 때 150명의 길가는 사람들에게 "누가 이길 것 같으냐?"라고 물었는데 34명이 입후보자 중 한 명을 지명하고 나머지 사람들은 모두 "Mets"라고 답했다는 결과는 이를 말해주고 있다. 지나치게 스포츠에 집착하고 있는 경향은 이 외에도 많은 사례들이 있다. 이러한 승패에 관한 집착이 스포츠 활동을 더욱 즐겁게 한다고 볼 수 있을까?

놀이를 문화의 중요한 요인으로 간주한 호이징하의 관점은 놀이가 즐거울 수 있는 것은 자발성과 놀이의 과정 자체를 즐기기 때문이며 오히려 스포츠가 더욱 조직화되고 관리될수록 참다운 놀이의 정신은 전멸의 위기를 맞고 있다고 하였다. 종잡을 수 없고 남들을 위하기도 하며 순간적으로 일어나는 기쁨이 있는 스포츠와 이기기 위해 경기규칙을 주고 지칠 때까지 엄숙한 결연의 자세로 연습하는 스포츠를 상상해보자. 또한 승패의 결과에 따르는 외적인 보수에 대한 만족감과 놀이의 순수한 즐거움을 생각해보자. 외적인 결과에 집중하는 것은 스포츠를 하나의 놀이가 아닌 심각한 노동으로 전환하게 하고 그만큼 즐거움과 기쁨은 상쇄될 수밖에 없다.

칙센트미하리(Csikszentmihalyi)는 몰입(flow)의 체험을 놀이와 관련된 전체적이고 자기 의식적이 아닌 몰입감정이라고 설명하였다. 그에 의하면, "만약 농구가 작곡을 하는 것처럼 몰입을 만들어가는 것이 아니라면 그 이유는 적어도 부분적으로는 농구의 경쟁적 구조가 농구 활동을 일상생활로부터 분리시킬 수 없어서 집중과 자아상실을 상대적으로 더 어렵게 만들기 때문이다."라고 하였다. 또한 엘리스(Ellis)에 의하면 "힘을 가지고 있다는 느낌이나 트로피 또는 승리자에 대한 상금은 놀이 과정에 있어서는 외적인 것이다. 경쟁이 외적인 압력에 의하여 지탱된다면 그것은 놀이가 아니다. 그러므로 순수한 놀이의 즐거움은 경쟁과 상반된 것이며 스포츠가 심각한 현실적인 경쟁이 되는 한 더욱 즐거울 수 있는가는 재고해 봐야 할 것이다.

그렇다면 경쟁을 수반하지 않은 스포츠를 상상해보자. 이상한 나라의 엘리스에 나오는 코카스 경주(달리고 싶을 때 달리기 시작하고, 원할 때 그만둔다)와 협력을 필요로 하는 게임을 생각해보자. 신체의 건강은 분명히 경쟁을 필요로 하지 않는다. 또한 팀워크는 협력적인 활동이 가져오는 이익이며 공동목표를 위하여 함께 하는 것이다. 경쟁보다 기술과 끈기를 요하는 협력적 게임은 승패가 결정되는 것이 아닐지라도 그 자체로 활기와 활력을 준다. 또한 스포츠에서 경험할 수 있는 독특한 실존적 체험들은 반드시 경쟁적 활동을 필요로 하는 것이 아니다. 건설적인 즐거움과 여가적 가치는 경쟁의 요소와 별개인 것이다. 승리를 통하여 맛보는 스릴 역시 상대팀을 패배시킴으로써 거두는 이기적인 정당화일 것이다. 그동안 우리는 경쟁을 즐거운 것으로 생각하도록 '사회화'되어 왔다. 그것은 일종의 습성으로 고착화되어 레크리에이션 활동에서 승리의 가능성이 없다면 재미없게 만들 수 있다. 이러한 습성에 의하여 경쟁이 더욱 즐겁게 된다면 그것은 놀이나 스포츠 활동자체를 즐기는 것이 아니라 상대를 누름으로써 얻을 수 있는 경쟁 자체를 즐기는 것이라고 할 수 있다.

4) 경쟁은 인격을 키워주는가?

한마디로 경쟁적 문화는 인간을 파괴해가면서 존속한다. 이것은 오랜 역사적 교훈이다. 어떤 스포츠심리학자의 연구에서 "스포츠에서 좋은 성적을 올리지 못했으나 인격적으로 매우 훌륭한 선수들을 많이 발견했다"라는 언급은 "이런 선수들은 정서적으로 매우 안정되어 신경증이 될 만큼 스포츠에 매달리지 않는다"는 것이다. 심리학적으로 인간이 경쟁하려고 하는 것은 자존심(self−esteem)의 문제이다. 즉, 자기의 능력에 대한 근본적인 의심을 극복하기 위한 것이며 최종적으로 자기의 자존심 부족을 보상하기 위한 것이다. 경쟁은 자신과 타인으로부터 인정을 받기 위한 욕구이다. 대부분의 경쟁이 공개적으로 행해지기 때문에 더욱 경쟁심이 격화될 수 있다. 경쟁한다는 것은 단지 이기는 것이 아니라 이김으로써 타인에게 인정받는다는 것에 매력을 느끼는 것이다. 또는 우승자가 되어 관람자나 경쟁 상대자로부터 주목을 받는 것이 마치 중요한 사람이 된 것으로 인식하게 하고 자신의 불안과 자존심을 위로하는 것이다.

철학자 에거만(Eggerman)에 의하면, 경쟁은 오히려 해로운 것이라고 한다. 이것은 정신적으로 불안정하거나 신경증이 있는 경쟁자에 대해서만 해를 주는 것이다. 또한 그의 연구에서 주목할 것은 패배가 실패를 의미하는 것은 아니라는 것이다. 패배가 실패처럼 인식되는 것은 자신이 승리할 것이라고 합리적으로 기대할 수 있었을 때에만 가능하다는 것이다. 여기서 자기 자신이 할 수 있는 것에 대하여 현실적인 자각과 인식을 갖는다면 패배의 고통을 겪지 않을 수도 있다. 그리고 패배가 참으로 실패로 간주될 수도 있지만 실제로 실패라는 것은 나쁜 것이 아니며 오히려 자기 자신을 알게 하고, 또 다른 삶에 대한 준비를 시켜준다는 데 의의가 있는 것이다.

그러므로 '경쟁은 인격을 키운다'라는 관점은 다음과 같은 경쟁의 결과들에 의하여 재고될 수 있다.

· 경쟁은 인간의 건전한 발달에 중요한 안정감을 억제한다. 즉, 불안, 갈등, 적대감, 분개, 비난 등의 경험은 인격형성에 부정적인 영향이 될 수 있다.
· 경쟁의 압박감이나 끝없는 경쟁의식은 스트레스를 동반하고 심각한 삶의 문제를 야기할 수 있다.
· 경쟁은 자신을 주체로 하여 활동자체를 즐기는 것으로부터 벗어나 결과만을 지향하게 한다.
· 경쟁은 승패에 관한 양자택일적 사고나 이분법적인 사고를 고정화시켜서 흑백논리의 오류 가능성이 있다.
· 경쟁은 상호 적대감을 조장할 수 있다.
· 경쟁은 개인의 자율성과 창조성을 억제하고 체제에 순응하게 할 수 있다. 즉 승리를 거둔다는 것은 체제에 순응하게 하는 로봇을 만드는 것이다.

콤(Combs)에 의하면 "경쟁은 사람들이 같은 목표를 추구하고, 같은 규칙에 동의한 경우에만 가능하기 때문에 경쟁자들은 상대방의 기록을 깨뜨리려고 노력함에 따라 서로 더욱 닮아가게 된다"고 하였다.

이러한 논의들을 통하여 경쟁에 관한 "인간의 본성, 생산성, 즐거움, 인격성"과 관련된 일반적인 신화는 무조건적으로 받아들여질 수 있는 사실이 아니라는 것을 알 수 있다.

알피 콘은 경쟁의 자리에 협력을 옮겨놓았다. 즉, 스포츠 세계에 있어서도 정정당당한 승부를 위해서는 물불을 가리지 않는 경쟁적 관계가 아니라 상호협력이 토대가 되어야 한다는 것을 알려주고 있다. 이미 우리는 경쟁적인 스포츠에 가려진 협력적인 스포츠를 지속해왔다고 볼 수도 있다. 그렇다면 경쟁을 스포츠의 본질로 보기보다는 협력을 본질로 하는 스포츠로 전환할 필요가 있을 것이다.

생각연습

01. 경쟁이 본능적으로 가지고 태어난 것이 아니라 인위적으로 주입된 것이라고 주장하는 것에 대하여 어떻게 생각하는가? 만약 경쟁이 본능적이라고 한다면 그 주된 이유는 무엇인가?

02. 스포츠에서 경쟁과 협력의 관계는 어떤 것인가?

03. 경쟁에 관한 인간의 본성, 생산성, 즐거움, 인격성과 관련하여 우리가 받아들일 수 없는 근거는 무엇인가?

참고문헌

김영선(2004). 운동문화의 인간학적 가치회복. 미간행 박사학위논문. 이화여자대학교 대학원.

알피 콘(2009). 경쟁을 반대한다. 이영노 역. 서울: 산눈.

06

스포츠체험의 특성과 의미는 무엇인가?

A

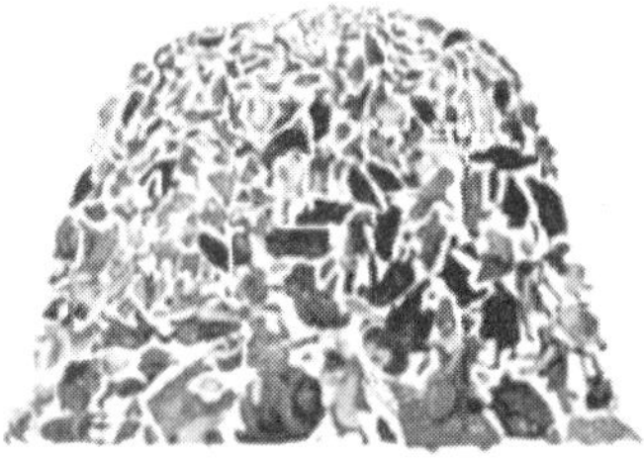

B

우르주스 베얼리의 <축구공> 4)

스포츠는 신체활동을 기반으로 인간을 이해하는 데 중요한 역할을 하고 있다. 전통적인 의미로서의 체육이 신체활동의 교육을 목적으로 두었다가 신체를 통한 전인교육으로 그 개념이 변천한 데에는 신체활동에 대한 체험적 특성을 고려한 논의가 기여한 바가 크다. 즉 신체활동을 통해 체화되고 체득된 가치들이 체육의 교육적 목적이 된다. 단편적이고 파편적인 신체활동의 결과들을 보다 심층적 의미로 접근하여 개인의 경험과 이를 통한 가치의 체현에 더욱 중요한 의미를 두는 것이다.

스포츠를 행하는 신체에의 관심과 효과를 신체 이상의 현상학적 환원을 통해 피상적으로 가지고 있던 전제나 편견에서 벗어나 스포츠체험의 내재적이고 심층적인 실존적 의미와 현상학적 가치에 주목해야 한다.

4) A는 브뢰겔(P. Bruegal)의 <카니발과 금욕기간의 싸움>이고 B는 스위스 화가 우르주스 베얼리(U. Wehri)의 작품이다. '정리'라는 키워드로 자신만의 작품을 만든다. 즉 이미 멋진 하나의 작품이 다른 작가 고유의 창의적 해석에 따라 정리되어 또 하나의 의미 있는 작품이 만들어진다.

1) 스포츠체험의 특성

이노우에(Seiji Inoue, 1984)는 스포츠 체험의 특성을 1) 공간 및 시간의 지각, 2) 타인에 대한 지각, 3) 신체 혹은 자아의 지각, 4) 타인과의 통합, 5) 신체의 한계 초월, 6) 심미적 감정, 7) 실존적 의미, 8) 의사 결정, 9) 자아 확인, 10) 가능성의 추구 등으로 보았다. 또한 박찬희(1993)는 수영을 통해 실현된 체험으로 신체의 지각, 자아몰입, 실존적 의미, 시·공간의 지각, 해방감, 성취감, 타자의 이해로 보았다. 원정혜(1993)는 성취감과 자아확립, 해방감 혹은 충족감, 편안함과 상쾌함, 심신의 조화, 집중, 초월, 신체의 한계(부정적 차원), 잠재의식 표출 등이 요가 수행을 통해 체험되는 특성이라고 설명하였다. 이와 같이 스포츠체험을 통해 얻을 수 있는 특성들은 다양하고 인간 삶에서 필요로 하는 덕목들이라고 볼 수 있다.

2) 스포츠체험의 의미

스포츠체험은 신체활동을 단순화 한 경험의 의미가 아닌 체화되어 나타나는 심층적 내용으로서 의미화(conceptualization)와 도출된 다양한 의미들의 분류(categorization)를 통해 스포츠체험이 어떠한 가치를 갖고 분석될 수 있는지 규명될 수 있다. 그리고 이는 현상학적인 내러티브(narrative)와 자기기술의 방법(descriptive method)으로 가능하다. 몸을 통해 스포츠의 본질을 이해하고 확장하는 데 유용한 스포츠체험을 밝히기 위해서는 예민한 감성과 치밀한 묘사력으로 개인의 다양한 스포츠체험의 특성과 의미를 고찰하는 것이 매우 중요하다. 이를 통해 합리주의적 사고 외에 육체와 정신의 통합적 의미와 함께 인간 본질 이해의 장을 회복시킬 수 있을 것이다.

생각연습

01. 스포츠체험을 통해서 우리가 다양한 체험을 할 수 있다. 그렇다면 다양한 스포츠에서 체험하는 내용은 동일한가 아니면 차이가 있는가?

02. 스포츠체험의 본질과 가치는 어떠한 방법을 통하여 알 수 있는가?

참고문헌

김영환 · 박찬희 · 이형일(1993). 스포츠경험의 현상학적 적용에 관한 연구: 수영을 중심으로. 연세논총. 29(1).

원정혜(1993). 요가수행 경험의 현상학적 접근. 미간행 석사학위논문. 숙명대학교 대학원.

Seiji Inoue(1984). Phenomenon Approach of Sport. Unpublished dissertation. The Ohio state university.

PART 3

스포츠와 인식

01. 체육적 지식이란 무엇인가?

02. 스포츠는 과학적 움직임인가? 또는 현상학적 움직임인가?

03. 스포츠의 잠재적 의미는 무엇인가?

01

체육적 지식이란 무엇인가? 5)

인류의 역사와 더불어 철학과 체육은 생겨났다고 볼 수 있다. 인간 본능으로 신체의 움직임과 생각함은 병행되는 자연현상이다. 그럼에도 불구하고 철학과 체육은 일반적으로 대조적인 양면으로 생각되어 왔다. 즉, 철학은 이성적, 정신적 측면으로 이해되고, 체육은 감성적, 신체적인, 단순히 육체의 활동으로 이해되었다.

지식 혹은 본질은 단순히 사고나 전통적인 인지적 과정으로 획득되는 것이 아니다. 철학적 관점에서 지식은 실체의 어떤 단편과

---

5) 출처: 함정혜(1991). 지식, 본질에의 접근(철학적 사고)과 체육. 이화체육논집. 4, 101－107. 부분 발췌.

밀접한 관계가 있는 의미를 입증하는 인간존재의 행위 전반을 의미한다. 지식이란 단지 역사적 사실이나 게임 점수를 알리는 수동적인 것일 수도 있고, 우리의 경험을 토대로 사실과 연관성을 산출해 내는 지속적인 과정일 수도 있고, 개개인이 같은 사건을 다른 각도에서 보듯이 개인적이고 주관적인 것일 수도 있다.

여기서는 신체활동을 통해 그 결과로서 얻을 수 있는 지식(본질)을 논하기 보다는 어떻게 접근하는가에 초점을 맞추고자 한다.

1) 본질(지식)에의 접근

로이스(Royce)는 인간이 실재 내지는 본질을 알 수 있는 네 가지 심리적 과정을 제시하였다(Royce, 1964). 가장 보편적인 접근 방법으로 과학자들이 신뢰하는 사고이다. 사고는 이성적이고 논리적인 방법을 이용하여 구체적이고 객관적인 사실을 유도해 내는 것이다.

합리주의 또는 이성주의가 사고의 발달로 이루어진 체계이다. 반면에 이성과는 거리가 있는 감성 역시 본질, 실재에 접근하는 방법 중 하나이다. 감성으로 이루어지는 직관이란 체계는 신행 경험에 의존하고, 대개는 이성적이지 않다. 그렇다고 직관이 본질의 접근에 있어 신뢰성이 없다는 것은 아니다. 논리적으로 설명하기가 힘들다

<table>
<tr><td rowspan="5">인간</td><td>심리적 과정</td><td>시스템</td><td>진리 기준</td><td rowspan="5">실재
(본질)</td></tr>
<tr><td>사고</td><td>합리주의</td><td>논리적-비논리적</td></tr>
<tr><td>느낌</td><td>직관주의</td><td>통찰-비통찰</td></tr>
<tr><td>감각</td><td>경험주의</td><td>인식-인식 오류</td></tr>
<tr><td>믿음</td><td>권위주의</td><td>이데올로기-기만</td></tr>
</table>

는 것이 반드시 본질에 접근하기 어렵다는 것을 의미하지는 않는다. 예를 들어, 어떤 일련의 사건을 보았을 때, 순간적으로 와 닿는 직관이나 느낌, 또는 운동을 하고 몸을 적신 땀을 닦을 때 다가오는 느낌, 이것은 정확한 언어로 표현이 어렵고 논리적 설명은 불가능하지만 인간이 얻을 수 있는 본질에의 접근을 가능케 한다. 세 번째로 감각은 흔히 일컫는 오감-보고, 듣고, 만지고, 맛보고, 냄새로 감지하는-이다. 오감은 기본적으로 경험적인 실험 관찰에 의한 사실을 얻게 해 준다.

요즘 치중되고 있는 실험주의, 경험주의가 감각에 의존한 체계라고 할 수 있다. 마지막으로 믿음의 과정이다. 지식 혹은 본질을 알아내는 기초로서 권위를 사용하는 것이다. 예를 들어 교육에서 부모나 코치, 지도자와 같은 전문가적 의견을 좇는다거나, 정치 종교적 이념이나 교리에 대한 믿음을 갖는 것이 그것이다. 이 종류의 지식 혹은 본질의 타당성은 권위의 근간이 어디에 놓여 있는가에 따라 달라질 수 있다.

이러한 네 가지 심리적 과정을 통해 인간이 본질, 실체에 접근하게 되는데, 중요한 점은 진리에 도달하고자 할 때 네 가지 과정이 각각 다르게 작용하는 것이 아니라 서로 상관관계를 맺으며 작용한다는 것이다. 로이스(Royce)는 이 상호작용을 "인식적 상관관계"(epistemic correlation)라 칭하였다.

이런 일상적이고 보편화된 접근방법을 근거로 살펴볼 때, 철학적 사고를 정신적인 면에만 얽매인 뜬 구름 잡는 것으로 일축해 버릴 수는 없다. 또한 체육 역시 신체적인 활동에만 국한시킬 수 없다. 현실적으로 운동선수들이나 코치, 아니면 생리학, 기능학 등을 연구하는 학자들은 한편으로 사고, 한편으로는 감각에 치중돼 있을 것이다. 예를 들어 인간이 어떤 동작이나 운동수행을 할 때, 가장 효율적인 방법이 무엇인가를 찾으려 한다면 이성에 호소하여 사고에 기초를 둘 것이다. 또한, 실험계획을 통해 관찰을 함으로써 인체가 움직이는 적합한 수치를 찾아내는 데 감각을 이용할 것이다. 조금 다른 각도에서 실제 운동을 시작했을 때, 선수들은 코치 감독의 지시에 따라 물리적 법칙에 의해 기계적인 즉, 훈련한 대로 움직이는 동작을 계속할 것이다. 이때 선수들은 코치 감독에 대한 맹목적인 믿음을 쫓을 것이다.

체육활동에서 현실적으로 일어나는 일들은 앞에서 설명한 모든 지식에의 접근, 본질에의 접근 방법을 사용하고 있지만, 각각 다른 분야에서 심리적 과정을 개별적으로 사용하고 있는 것에 불과하다. 신체를 연구하고 현장에서 신체를 다루는 지도자들은 신체를 움직이는 개개인이 갖는 개체로서의 감성과 느낌, 신체 움직임 자체가 주는 의미나 중요성을 함께 고려해야 할 것이다. 즉, 로이스가 언급했듯이 철학적 사고의 심리적 과정이 통합적으로 인식적 상호관계를 가지고 작용해야 체육도 올바르게 이루어질 것이다.

2) 지식(본질)의 근원

앞에서 언급된 네 가지 심리적 과정을 토대로 지식 내지는 본질의 근원에 대해 살펴보고자 한다. 모든 지식은 직・간접적 경험으로부터 출발한다. 여기서 경험이란 물리적 체험에 국한된 것이 아니다. 매우 지적이고 기호, 상징적인 경험일 수도 있고, 직접 체험에 의한 것일 수도 있다. 이때 경험으로부터 지식, 혹은 본질을 성취할 수 있는 근원을 세 가지 지식으로 분류될 수 있다.

(1) 전반성적 지식(Prereflective Knowledge)

이 지식은 깊은 생각 없이 정보를 얻는 것이다. 다시 말해서, 우리 몸, 신체 자체가 지식의 근원이 되는 것이다. 이러한 지식에 관한 역사적 배경은 동양철학에서의 심신일원론이란 형이상학적 이론에 기초를 두고 있다. 예를 들어, 수준급 테니스 선수가 동작을 할 때, 라켓을 잡는 손의 위치나 발의 동작을 생각지 않더라도 자동적으로 필요한 동작이 이루어진다. 철학적 개념으로 설명한다면, 이것은 단순히 훈련에 의해 습득되는 것이 아니라, 신체가 어떻게 해야 할 것인가를 정신의 힘을 빌려 생각하지 않고, 우리 몸이 미리 알고 있는 것이다. 폴라니(Polanyi, 1959)는 스포츠에서 일어나는 이 종류의 지식을 "우리 신체감각의 비이성적 결과"라고 표현하였다. 생각을 앞선 지식은 개개인의 신체 경험에 의한 것이므로 매우 주관적이다. 같은 동작을 하더라도 각 개인마다 안다는 사실은 개별적이기 때문이다.

(2) 객관적, 분석적, 명시적 지식(Objective/Analytic/Explicit Knowledge)

흔히 과학자들이 사용하는 지식이다. 사실들을 변수로 상관성을 찾아내는 과정이다. 여기에서 사실이란 객관성을 유지하며, 가치나 주관적 개념을 배제한 것이어야 한다. 이런 과학적 지식은 물리적 세계를 전제로 분석적이고 이성적 실험 관찰을 통해 사실들에 대한 인과관계를 찾고자 하는 데 주안점을 두고 있다.

운동에서 물리학의 법칙과 생리학의 인체구조, 기능학의 기계적 분석 등과 같은 객관적 지식이 널리 쓰이고 있는 것은 운동기술을 향상시키고 궁극적으로 최대의 효율성을 꾀하고자 하는 것이다. 이런 지식은 단지 '무엇'이 일어났으며, '어떻게' 일어났는가에 초점을 맞추고 있다. 모든 동작을 부분으로 분리시켜 객관적으로 분석하고 전략 및 기술을 향상시키고자 하는 것이다.

객관적이고 분석적 지식은 우리 신체움직임 체험에서 얻을 수 있는 정서적, 감성적인 면을 배제한다. 다시 말해서, '왜' 우리가 신체를 움직이고 있는가라는 질문에는 궁색하게 된다. 모든 것을 관찰자적 입장에서 지적인 분석을 한다면 신체 움직임이 주는 실체, 본질에 대한 충분한 의미를 파악하지 못할 것이다. 모스타카(Moustakas, 1966)는 신체동작에서 얻을 수 있는 참된 지식을 "살아 있는 체험(lived experience)"이라고 표현하였다. 그는 객관적이고 분석적인 지식에 치중돼 있는 것을 반박하면서, "신체 움직임의 실체 혹은 본질이나 개인의 창조성은 결코 분석이나 이론으로 알아낼 수 없으며, 정밀한 측정으로도 잴 수 없는 것이다. 신체 경험의 독자적이고 특이한 질적 특성은 관찰될 수도, 정의 내릴 수도, 분류되어질 수도 없는 것이다. 단지 '살아 움직이는 경험'만이 신체를 의미 있게 한다"(p.132)고 하였다. 그가 말하고자 하는 것은 앞에서 로이스(Royce)가 언급한 "인식적 상관관계"와 같은 맥락을 가지고 있다. 즉 본질, 실재에의 접근에 있어 객관적, 분석적 지식만으로는 불충분하다는 것이다. 앞에서 언급한 생각 이전의 지식, 또 다음에 설명할 주관적, 개인적, 암묵적 지식이 통합하여 작용할 때 신체 움직임에 대한 진정한 이해가 성립되는 것이다.

그러나 전체가 아닌 부분으로서 객관적, 분석적 지식은 커다란 중요성을 갖는다. 운동 수행의 측면에서, 이런 지식의 응용은 우리로 하여금 기술적인 이해를 돕고, 게임의 전략이나 운영을 원활하게 하며 심지어는 규칙을 지배하는 윤리적 태도를 가능케 한다.

(3) 주관적, 개인적, 암묵적 지식(Subjective/ Personal/ Tacit knowledge)

과학이나 철학은 모두 우주나 인간 삶에 대한 본질을 찾아내기 위해 주워진 상황의 사실과 의미를 추구한다는 공통점이 있다. 그러나 방법론이나 결과에는 차이점이 있다. 앞에서, 객관적이고 분석적 지식을 설명할 때 나타난 바와 같이 과학은 객관적인 사실들을 관찰에 의해 분석하고 면밀히 사실의 인과관계를 찾아내고자 한다.

반면 철학자들은 객관적 사실이나 행위의 기본원리보다는 그 의미와 중요성에 관심이 있다. 그러므로 철학은 그 자체가 주관적이며 개인적인 면이 우세하다. 그러나 철학 전체가 주관적이거나 추상적이라고 하기는 어렵다. 왜냐하면 본질이나 실재에 대한 주관적 의미와 중요성을 알기 위해서는 사실적인 행위나 근거가 존재해야 하며, 그것을 시험해 본다는 의미에서는 어느 정도 사실적이고 객관성을 유지해야 하기 때문이다. 중요한 것은 철학은 실존적 형태에 대한 원인과 결과의 인과관계에 대한 관심보다는 결과, 궁극적 결론에 더욱 치중한다. 여기에서 결과란 단순히 나타난 사실들의 최종형태를 의미하는 것이 아니라 객관적으로 나타난 사실과 주관적이고 무언적인 사실을 모두 합한 형태를 말한다.

물론 주관적이고 암묵적인 지식은 너무 추상적이고 감성에 기초하므로 언어나 기호로 나타낼 수 없다는 한계성을 지니고 있지만 그 자체의 직관과 통찰로 중요성을 지닌다. 예를 들어 인간이 왜 스포츠에 참여하는가를 알아보고자 할 때, 나타난 행동이나 동기유발에 대한 이론을 기반으로 객관적, 분석적인 설명을 할 수 있으나 그와 마찬가지로 신체를 움직임으로써 얻을 수 있는 자아에 대한 존재가치나 중요성, 즉 주관적이고 개인적인 측면에서 설명되어야 한다. 이것은 인간 스스로 직접 신체를 움직이는 직접경험으로 얻을 수 있는 지식이다. 이러한 주관적, 개인적, 암묵적 지식은 사실에 대한 직관과 통찰을 통하여 얻어지며, 경험주의나 실존주의의 체계를 성립시켜 준다. 또 다른 예로 장거리 달리기를 할 때 경험하는 'Second wind's steady state' 혹은 'Hitting the wall'은 생리, 기능학 실험을 통해 실험실에서 간단히 관찰될 수 있으나, 그때 개개인이 느끼는 주관적 경험은 언어로 설명될 수 없다. 즉, 개인적이고 주관적인 암묵의 지식으로만 신체 움직임에 참여하는 이유와 움직임의 결과로 나타나는 목표에 대한 승패의 느낌, 자아에 대한 만족감과 충만한 감동을 이해할 수 있다. 폴라니(Polanyi, 1959)는 암묵적이고 개인적인 지식이 모든 지식, 즉 실재나 본질에의 접근원리의 최우선적이고 우세한 지식임을 강조하였다. 또한 모든 명백한 과학적 지식은 개인적이고 주관적인 지식의 기반 위에서 성립된다고 하였다. 다시 말해서, 객관적으로 어떤 연구를 할 것인가, 어떻게 연구를 진행해 나갈 것인가 하는 주제 선택과 방법론이 개인이 갖고 있는 생각 이전의 지식과 개인의 주관적인 경험과 선입견에 달려있다는 것이다(Polanyi & Prosch, 1975).

이렇듯, 최근 체육학 연구분야나 스포츠 전반에서 소외되고 있는 주관적, 개인적, 암묵적인 지식은 체육과 철학을, 신체와 정신을 동일한 실체로 볼 때, 이 종류의 지식은 객관적, 분석적 지식과 같은 비중으로 다루어 지고 이론이나 분석을 위한 초석으로 간주될 것이다.

3) '살아있는 움직임'을 통한 철학적사고

체육과 철학은 상이한 극한의 반대에 있는 학문이라 생각한다. 하지만 모든 학문이 그렇듯 인간이 인간답게 살아가기 위한 것 내지는 인간이 우주나 삶 자체의 본질, 실재와 만나기 위한 것이 학문의 자세라면 체육과 철학은 양분될 수 없는 것이다. 부언하건대, 체육을 단순히 신체의 움직임, 철학을 단순히 지적 진리탐구로 단순화 시킨다면 체육이나 철학은 실용성 없는 학문으로 전락될 것이다. 그것은 실용성과 합리성을 오로지 인간에게 주는 물질의 이득 등으로 계산한 결과일 것이다.

하지만 체육과 철학을 하나의 동일한 실체로본다면 그 의미가 달라진다. 가장 적절한 표현이라고 생각되는 철학의 의미는 다음과 같다.

> "Philosopher deliberate and rational attempt to understand both the whole and the parts of one's experience in their objective and subjective aspects with a review for obtaining wisdom for effective living."

여기에서 주지하여야 할 것은 생각한다는 철학적 사고가 인간 삶의 부분과 전체의 모든 면, 과거, 현재, 미래를 모두 포함하는 면 등을 이해하고 또한 객관적이고 주관적인 면을 다 고려한다는 것이다. 신체경험, 스포츠, 실제적인 운동게임 모든 것을 총괄적으로 인간 움직임(human movement)이라고 보았을 때, 앞에서 언급한 대로 철학적 사고는 필수적인 것이다.

쉬운 예로 체육에서 스포츠맨십이란 말을 너나 할 것 없이 쓰고 있다. 그러나 실전에서는 전정 스포츠맨십이 뜻하는 것이 무엇이며, 왜 그렇게 해야 하는지를 생각지 않고 아무 생각 없이 상투적으로 쓰여지는 습관적인 언어일 뿐이다. 이것은 운동선수에게만 국한된 것이 아니며 체육지도자들, 관중, 일반사람들 모두 관습적으로 쓰고 있는 말이다.

이런 현상은 신체움직임, 체육에서 철학적 사고(지식 본질에의 심리적 과정, 지식의 세 가지 근원)가 전혀 이루어지지 못한 결과이다. 다시 한 번 강조하면 체육에 있어 오늘날 극도로 편중되고 있는 객관적, 분석적 지식에의 길이 그 궤도를 바로잡아 본질접근의 통합적인 방법을 취해야 한다는 것이다. 과학이나 기술의 발달이 인간에게 절대적인 이익을 가져다 줄 수 없다는 사실은 누구나 잘 알고 있는 바이다. 신체 움직임으로 얻을 수 있는 최대한의 효과를 바란다면 개개인에게 주워지는 주관적이고 개인적인 무언의 지식과 생각 이전의 지식 역시 존중되어야 한다. 또한 인간 움직임에 있어 '살아있는 움직임'이 되기 위해서는 철학적 사고가 매순간 실행되어야 할 것이다. 그래야 체육의 의미나 가치가 올바르게 부각될 것이다.

생각연습

01. 과학적 지식과 체육학적 지식의 차이는 무엇인가? 체육학적 지식을 독창적인 지식이라고 주장하며 예술적 지식이라고 주장하는 근거는 무엇인가?

02. "몸으로 안다"는 의미는 무엇인가?

참고문헌

김영환 · 김대식(1988). 체육철학. 서울: 나남.

김종선 · 정청희(1987). 체육원리. 서울: 동화문화사.

Harper, W. (1982). The philosopher in us. Journal of physical education, Recreation & Dance. 32－34.

Moustakas, C. (1966). Creativity and conformity. Princeton: Van Nostrand Co.

Polanyi, M. (1959). The study of man. Chicago: University of Chicago Press.

Polanyi, M., & Prosch, H. (1975). Meaning. Chicago: University of Chicago Press.

Royce, J. R. (1964). Encapsulated man: An interdisciplinary essay for meaning. Princeton: Van Nostrand Co.

Seidel, B., & Resick. M. (1978). Physical education: An overview reading. Massachusetts: Wesley Publishing Company.

Singer, R. (1976). Physical education : Foundations. New York: Holt, Rinehart and Winston.

Thomas, C. E. (1983). Sport in a philosophic context. Philadephia: Lea & Febiger.

02

스포츠는 과학적 움직임인가? 또는 현상학적 움직임인가?

스포츠행위는 인간 움직임의 하나이다. 인간 움직임은 몸을 주체로 한다. 몸을 주체로 하는 스포츠행위는 어떻게 이해될 수 있는가? 그동안 스포츠행위에 관한 주제는 크게 양적 연구방법과 질적 연구방법으로 탐구되어 왔다. 이것은 상반된 연구방법의 두 양면으로 이해될 수 있는 반면, 하나의 패러다임으로 볼 수 있다. 이에 대한 구체적인 내용을 살펴보기에 앞서 먼저 스포츠행위로서의 움직임의 타고난 특징들을 알아보기로 한다.

	양적 접근	질적 접근
목적	이론검증 사실을 구성 예측과 통제	이론전개 및 개념을 개발 다양한 현실세계를 구성 이해를 높임

	양적 접근	질적 접근
	변인들 간의 영향이나 관계 제시 일반화	이해를 높임 근거 있는 이론을 개발
주된 개념	변인, 조작적 정의 신뢰도, 가설, 타당도 통계적 의미, 일반화	의미, 상징적 이해 상황의 정의 일상생활, 이해, 과정, 실제적인 목차, 사회적 구성
접근 방법	연역적 추리 객관적 방법 통계적 방법 축소적 방법 과학적 접근	귀납적 추리 주관적 접근 비통계적 방법 총체적 접근 인류학적 접근
연구 계획	방대함 초점이 자세하고 세부적임 절차가 자세하고 세부적임 방대한 문헌고찰이 선행됨 자료 수집 전에 작성됨 가설이 진술됨	간략함 사색적임 약간의 자료가 수집된 후에 기록됨 문헌고찰 부분이 협소함 접근법의 일반적 진술이 포함됨
자료 표본	양적 의미부여/ 양화가 가능한 부호/ 계산하고 측정함/ 조직화된 변인들/ 통계적이고 표본이 큼/ 통제집단이 있음/ 외생 변인에 대한 통제	기술적 개인적 기록(주관적) 현장 노트, 사진, 전술자의 말 표본이 작음 이론적인 표집 비대표성 표본(편의적 선택)
기법	실험, 조사연구, 유사 실험, 구조화된 면접, 관찰, 자료세트	관찰, 문헌분석, 면접
연구 대상자와의 관계	제한되며 격리됨(독립성 유지) 단기간적임/ 거리를 유지/ 대상자와 연구자의 관계 유지	상호 공감적이고 신뢰성을 강조 친밀하고 평등한 관계유지 강력한 접촉
자료 분석	연역적임 자료수집이 끝날 때 이루어짐 통계적이며 양적 결과에 의미를 부여함	지속적이며, 귀납적임 모형, 주제, 개념별 분석 분석적 귀납법 및 연속적 비교법

	양적 접근	질적 접근
장점	객관적임 연구기간이 짧음	심층 분석적임 현상에 대한 이해 및 설명 가능
단점	외생변인들의 통제가 어려움 통계적 오류 가능성	연구기간이 비교적 길게 소요됨. 개인의 편견을 배제하기 어려움.

*자료출처: 김상국, 1995.

1) 인간의 특성 : 진화론적 입장

인간이 타고난 특성들은 진화론적 입장에서 설명될 수 있다. 그 특징들을 크게 세 가지로 살펴보면, 첫째는 무한대의 인간, 둘째는 이성을 출현 가능하게 하는 일곱 가지의 열쇠를 가진 인간, 그리고 마지막으로 언어사용의 인간으로 정리할 수 있다.

(1) 무한대의 인간

우선 무한대의 특징은 인간의 유전적 요소와 환경적 요소의 복합적인 삶이 어딘가에 안주하지 않고 새로운 가치들을 끊임없이 추구한다는 것을 말한다. 예를 들면 육상, 조정, 수영 선수는 일정한 거리를 더욱 더 빨리 주파하려고 한다. 체조 선수의 연기에서는 경이적인 기술적 능란함이 배어 나온다. 테니스 선수들은 점점 더 빠른 속도로 공을 친다.

(2) 인간의 움직임을 가능하게 하는 일곱가지 특성

인간의 움직임을 가능하게 하는 일곱 가지 특징들로 파지와 조정능력, 상대적으로 강한 사지, 머리의 정면에 위치한 입체적인 눈, 적은 수의 번식, 높은 상호의존성과 공동체적 생활의 경향, 신뢰성 있는 효율적인 의사소통체계의 사용, 그리고 신체에 비하여 큰 뇌 등을 들 수 있다. 마주 보도록 되어 있는 손, 발가락은 물체를 꽉 잡을 수도 있고 움직임을 통제할 수 있는 파지와 조정능력을 가능하게 한다. 예를 들면 골프채의 그립을 쥐는 자세나 공을 잡는 능력들은 스포츠행위에 필요한 세밀한 동작까지 가능하게 해준다. 일반적으로 운동선수들은 사지근육으로부터의 능력을 기초로 하여 신경 연합적인 움직임을 보여준다. 그리고 양궁이나 사격 등은 거리를 매우 정확하게 잴 수 있는 인간의 입체경적인 시야에서 가능한 것들이다.

또한 어떠한 동물보다도 긴 임신기간 후에 적은 수의 자식을 갖는 인간에게는 어미와의 상호의존적인 관계가 필연적이며, 이를 기반으로 학습활동과 협동, 의사소통능력이 발달하게 된다. 마찬가지로 스포츠행위는 학습활동이며 상호의존적인 움직임으로 공동체적인 협동과 신뢰를 필요로 하는 움직임의 총체적인 활동을 기본으로 한다. 특히 인간이 다른 동물과 비교하여 볼 때 신체크기에 비하여 큰 뇌를 가지고 있다는 특징은 인류의 역사와 문명 발달에 지대한 기여를 하였다고 볼 수 있다.

(3) 언어사용

인간은 언어를 사용하여 공존생활을 한다는 것이다. 언어는 구체적인 사실들로부터 추상적인 개념들까지 인간의 모든 사유활동을 확대, 심화할 수 있는 매개수단이다. 이러한 언어적 매개에 의하여 삶의 의미와 경험을 표준화, 약호화, 분류화하고 추상적 규칙까지도 가능하게 되었다. 스포츠와 관련된 언어로써의 규칙들은 이러한 차원에서 이해될 수 있다.

2) 스포츠 행위의 이해

이러한 위의 다양한 특징들은 스포츠행위를 이해하기 위한 연구방법들의 중요한 연구주제가 된다. 그러나 때로는 부분적으로나마 그 중요함이 강조된 경우 다른 부분은 간과되는 경우도 있다. 인간에 대한 생물학적, 기계적 접근이 스포츠행위를 더욱 뛰어난 기량으로 끌어올리는 데 성공적이었다. 그러나 이러한 접근에서 나타날 수 있는 문제점으로 인간의 내면적인 경험과 삶의 의미가 객관적인 잣대에 의하여 삭제되었다는 것이다. 인간의 몸은 객관적이기 이전에 주관적인 경험을 하며, 하나의 객체화된 대상이기 이전에 현실적인 삶에 놓여진 주체적인 존재이다. 그러므로 어느 한쪽으로 치중된 과학적 가치들은 인간 이해에 대한 부분적인 접근을 하여 또 다른 문제를 낳을 수 있는 것이다.

(1) 실증주의적 접근

현대 체육학에서 연구의 대상이 되는 스포츠행위에 관한 다양한 연구방법들은 20세기 초의 경험론의 철학을 배경으로 스포츠 행위를 인체의 과학적 움직임을 강조하는 실증주의적 접근의 연구(예를 들어 양적 연구)를 선호하게 되었다. 경험론은 양적연구의 패러다임으로 당시 절대적인 권위를 가진 철학이었다. 즉, 모든 지식은 감각적 경험에서 기인하고 자연의 질서는 수학적이라는 믿음의 출발에서 비롯된다는 것이다. 이러한 실증주의적 패러다임의 세 가지 전제조건은 다음과 같다.

첫째, 현상은 반드시 관찰할 수 있어야 한다.
둘째, 현상은 반드시 측정할 수 있어야 한다.

셋째, 현상은 반드시 다른 관찰자에 의해 검증되어야 한다는 것이다.

그러므로 검증을 통하여 얻은 객관적인 결과만을 인정하는 관점이 스포츠의 모든 분야에 적용되어 인문사회분야 즉, 스포츠사회학, 철학, 교육학 등에까지도 이러한 패러다임이 강요되었다. 그러나 이러한 객관적인 표준 혹은 기준에 의한 설명은 현상을 부분적으로 설명하는 것이며, 인간을 비인격적인 대상으로 사물화할 수밖에 없는 한계를 가지고 있다.

(2) 현상학적 접근

이미 19세기 초반에 나타난 실존주의 운동은 전통적인 실증주의 패러다임에서 직면한 문제들에 대한 대안을 제시하였다. 즉, 대안적 방법의 하나로써 현상학적 연구방법을 소개하였으며 이 연구방법은 후설(E. Husserl)의 현상학을 배경으로 하였다. 특히, 인간의 경험적 내면세계를 이해하기 위한 질적 연구방법에서는 연구자의 역할이 더욱 중요하게 된다. 현상학적 연구방법에서 중요한 세 가지 전제조건은 다음과 같다.

첫째, 현상학적 환원의 개념도입으로 연구자의 선입견이나 편견을 배제하고 원래의 모습에서 출발하여야 한다.

둘째, 구성력의 변이성의 개념이다. 즉, 연구자는 현상의 의미가 무엇인가를 결정하기 위하여 다양한 의미들의 배경에 대하여 현상의 실체를 상상할 수 있어야 한다.

셋째, 해석의 개념이다. 즉, 연구대상자들로부터 얻은 자료들을 현상으로써 어떤 의미가 있는지 연결하는 것이다. 여기서 개인의 편견이나 이미 알고 있는 개념과 이론들이 개입되지 않아야 한다는 것이다.

(3) 상호보완적 관계

그동안 자연과학적 연구들은 현장에 도움이 될 만한 기초자료와 지식정보들을 수없이 제공하여 왔다. 반면 현상학적 관점은 인간의 내재적인 경험의 의미를 강조하면서 스포츠행위를 하는 몸을 현재 살아있는 몸이며 주체적인 몸이자 인격적인 몸으로 이해하고 있다. 이러한 점에서 대안적인 패러다임이라 할 만하다. 그렇다면 자연과학과 현상학은 양립 불가능한 것인가? 이미 앞에서 살펴본 인간의 타고난 특징들은 이 두 가지 관점을 모두 필요로 한다. 인간의 진화론적인 모습에서는 생물학적, 정신적, 사회적 존재임을 부인할 수 없다. 더욱 중요한 것은 인격적인 존재라는 것이다. 우리는 스포츠행위를 이해함에 있어서 자연과학과 현상학, 실증주의적 접근과 탈실증주의적 접근, 사물과 인격 등의 상반되는 두 차원에서 살펴보아야 한다.

두 차원의 관계는 양립 불가능한 관계이기보다는 상호보완적인 관계에서 연구방법의 상반된 차이점을 갖는 것이며 하나의 거대한 패러다임 안에 모두 포함되어 있다. 그러나 스포츠행위에 있어서 적용가능한 과학적 지식들이 지나친 과학만능주의의 편력에 의하여 인간존재를 비인격적인 대상으로 밀어버리게 된다면 그 행위는 하나의 로봇의 움직임에 불과할 것이다. 과학은 바람직하고 효율적인 스포츠 행위를 위한 수단이다. 인간이 가지고 있는 잠재적인 기량을 충분히 발휘할 수 있도록 도와주는 것이다. 그러므로 이러한 의미에서 과학의 가치를 인정할 수밖에 없다. 스포츠행위는 인간의 움직임이다. 즉, 인간의 주체적인 몸의 행위이다. 스포츠행위에 있어서 대상화된 몸을 인체라고 한다면 살아있는 지금 현재의 몸은 신체이다. 그러므로 자연과학에서 빗나가기 쉬우며 간과된 신체의 의미는 현상학이라는 새로운 철학적 패러다임에 의하여 몸의 경험과 의미를 회복할 수 있을 것이다. 또한 인간을 있는 그대로의 대상으로 총체적인 경험을 생생하게 그려내고자 하는 노력으로 살아 움직이는 신체의 의미를 이해하게 되는 것이다. 스포츠행위에 주체적인 몸은 외적인 대상으로서의 인체가 아니라 내적인 경험과 의미의 현상인 신체로 이해되어야 한다.

생각연습

01. 운동하는 몸(신체)을 연구하는 체육학에서 양적연구와 질적 연구로 구별하는 짓는 근거는 무엇인가?

02. 스포츠가 현상학적 움직임으로 이해되어야 하는 이유는 무엇인가?

참고문헌

김상국(1995). 연구논문의 방법과 실제에 관한 고찰. 움직임의 철학: 한국체육철학회지. 3(1).

03

스포츠의 잠재적 의미는 무엇인가?

스포츠란 무엇인가에 대한 물음은 스포츠를 스포츠이게끔 하는 본질적인 요소를 구하는 질문이다. 다시 말해서 이러한 질문은 스포츠의 본질이 의미하는 것이 무엇인가에 대한 물음으로 바꾸어 말할 수 있다. 여기서 의미란 한 사람의 마음속에 일어나는 심리적 현상이다. 그러나 이러한 심리적 현상은 객관적으로 측정 가능하기도 하지만 폴라니(Polanyi)와 프로쉬(Prosch)가 지적하듯이 실제적, 주체적, 암묵적 차원에서 독자적이며 분석적, 상징적으로 환원될 수 없는 것이 바로 의미라고 강조하였다. 환원될 수 없다는 것은 의미의 내재적이고 잠재적인 특성을 말한다. 그러므로 우리는 스포츠의 본질적인 요소 또는 내재적인 의미를 좀 더 알아보기 위해서 토마스(Thomas)의 관점에서 고유한 가능성과 잠재적인 의미를 살펴보고자 한다.

1) 스포츠행위의 고유한 가능성

스포츠행위에서 나타나는 고유한 가능성들은 크게 세 가지로 나누어 살펴볼 수 있다.

(1) 자기이해의 가능성

스포츠를 통해서 존재로서의 자신을 성취하는 것이다. 즉, 매쓰니(Metheny)에 의하면 스포츠 행위는 일상세계와 분리되어 무익함을 가지고 있는 반면, 주체성과 독자성을 경험할 수 있는 새로운 세계를 창조하는 유의미한 경험을 제공한다고 하였다. 그러므로 고독한 자신을 체험한다는 것은 자유로운 존재임을 그리고 창조적인 존재임을 확인한다는 것을 의미한다.

(2) 목적의식을 달성할 가능성

너무나 뻔한 현실과 반복되는 일상으로부터 비롯되는 무력감과 소외감 등의 감정들은 스포츠를 매개로 자기운명을 지배할 수 있다는 책임을 느낄 수 있는 또 다른 경험의 기회를 갖게해 준다. 또한 선택한 것에 대하여 감정통제를 하는 것은 목적의식을 달성하게 한다.

(3) 실존적 체험의 가능성

이러한 체험은 지향, 준비, 참여, 몰입, 해결의 경로를 거치게 된다. 즉 지향이란 개인의 한계 안에서 가장 실현 가능한 방법을 결정하는 것으로 독자적인 체험을 위한 기본적인 태도라고 할 수 있다. 다음으로 준비는 선택한 세계와 일련의 관계가 되는 것이며 정신적인 준비와 트레이닝, 용구, 기술, 작전 등이 계획될 수 있다. 참여는 자기 자신을 아낌없이 선택한 상황에 바치는 것을 의미한다. 그리고 체험 그 자체로서의 주체적인 신체가 되는 몰입의 단계는 모든 것과 하나가 되어 세계와 일치되는 전체성을 경험하게 한다.

마지막으로 해결은 체험의 종결 단계로 경기에서의 승패는 상징적인 죽음을 의미한다. 또한 이 단계에서 나타나는 행위의 결과는 현실적인 장애를 극복함과 동시에 새로운 세계에 대한 확장된 안목을 제공한다. 이와 같이 자기 이해의 가능성, 목적의식을 달성할 가능성, 그리고 실존적 체험의 가능성은 스포츠를 무의미한 행위로부터 유의미한 행위로 변화시켜준다. 또한 인간의 생물학적인 한계로부터 무한한 세계를 창조할 수 있는 자유로움을 경험하게 하여 우리가 가치 있는 존재임을 깨닫게 한다. 그렇다면 이러한 가능성들을 기반으로 스포츠행위에 내재되어 있는 잠재적인 의미는 무엇인가?

크레치머(Kretchmar, 1988)에 의하면 그동안 우리는 스포츠 행위를 통하여 건강과 이와 관련된 지식, 기능, 그리고 즐거움을 추구하였다. 이 중에서 특히 즐거움은 네 가지 가치 중 가장 중요한 가치로써 강조되고 있다. 그러나 왜 스포츠가 우리에게 즐거움을 주는가를 자세히 살펴본다면 스포츠의 잠재적 의미를 보다 쉽게 이해할 수 있을 것이다.

생각연습

01. 우리는 스포츠에서 건강, 지식, 기능, 즐거움 등을 추구한다. 이 중에서 즐거움을 가장 중요한 가치라고 강조해 왔다. 우리는 왜 스포츠에서 즐거움을 추구하는가? 또한 스포츠의 잠재적 의미는 무엇인가?

02. 스포츠를 통한 실존적 체험의 가능성에서 몰입은 어떤 단계를 말하는가?

참고문헌

크레치머(2001). 실천 및 현장중심의 스포츠철학. 김창룡 · 안용규 · 김홍식 역. 서울: 대한미디어.

토마스(1997). 스포츠철학. 이진수 역. 서울: 교학연구사.

PART 4

스포츠와 가치

01. 사실판단과 가치판단의 차이는 무엇인가?

02. 현대스포츠는 무엇이 문제인가?

03. 운동선수는 왜 윤리적이어야 하는가?

04. 스포츠에서 도핑은 금지되어야 하는가?

05. 스포츠에서 왜 생태윤리가 중요한가?

06. 스포츠가 예술인 이유는 무엇인가?

07. 스포츠에서 미적체험을 어떻게 해석할 것인가?

01

사실판단과 가치판단의 차이는 무엇인가?

운동경기 상황에서 올바른 판단을 해야 하는 경우가 경기 내내 일어난다. 올바른 판단은 바람직한 행동을 할 수 있게 하므로 무엇보다 중요하다. 운동경기 맥락에서 다양한 변수가 작동하여 올바른 판단을 하지 못하게 되는 경우가 있다. 대표적인 경우가 승리와 도덕이 충돌할 때이다. 코치들은 승리를 위하여 수단과 방법은 고려하지 않고 이기는 경기를 하라고 독려하고 선수 개인은 도덕적 딜레마에 빠지는 경우에 어떤 판단을 해야 할지 난관에 봉착하게 된다. 우리가 어떤 사태(사물)를 보고 판단을 할 때, 있는 그대로 판단하는 것을 사실판단이라고 하고 가치를 개입시켜 판단하는 것을 가치판단이라고 한다. 가치판단은 세 가지로 나눌 수 있다.

<table>
<tr><th>사실판단</th><th colspan="2">가치판단</th></tr>
<tr><td rowspan="3">있는
사실 그대로</td><td>사리분별판단</td><td>실용적 유용성</td></tr>
<tr><td>미적 판단</td><td>아름다움, 우아미, 신체미, 형식미 등</td></tr>
<tr><td>도덕적 판단</td><td>공정, 정의, 질서 등</td></tr>
</table>

1) 사리분별에 관한 것이다

사리분별판단은 실용적 유용성이 판단기준이 된다. 사리라는 것은 어떤 것의 전후관계를 명확하게 하면서 이익을 고려하여 판단하는 경우를 의미한다. 일상에서 우리가 접하는 많은 일들이 사리분별을 요구하는 경우가 많다. 이럴 때 자신에게 이익이 되는지 아니면 손해가 되는지 등 이해관계를 고려하여 판단하게 된다. 우리가 선택해야 할 대부분이 사리분별을 필요로 하는 판단이라고 할 수 있다. 하나를 선택하면 다른 하나를 포기해야 될 때 어떤 판단을 해야 하는지 고민하면서 작동하게 되는 판단이다.

2) 미적인 것이다

사적 이익을 우선적으로 고려하여 판단하는 사리분별판단보다는 어떤 행동의 목적이나 아름다움, 우아함 등 미적요소에 관련된 것을 일차적 판단기준으로 고려해서 판단하는 경우이다. 스포츠에서 피겨 스케이팅, 리듬체조, 다이빙 등 아름다움이 판단기준이 될 경우에 사용되는 것이다. 이러한 판단에는 금전적 이해관계가 배제되고 도덕적으로 옳고 그른지가 작동하지 않는다. 다만, 미가 판단의 근거가 된다.

3) 도덕적인 것이다

선한 삶, 공정, 정의 등 도덕이 판단의 기준으로 작동하여 판단하는 것을 말한다. 우리가 일상적으로 사적이익과 도덕적 판단(정당한가, 올바른가)이 충돌할 때 도덕을 우선적으로 생각하게 되면 그 때가 바로 도덕적인 판단이다. 많은 경우 운동경기를 할 때 승리와 도덕적인 가치가 충돌을 하게 된다. 승리를 위해서 수단과 방법을 가리지 않고 승리하기보다는 정정당당한 경기를 하려고 하는 것이 도덕적 판단이라고 할 수 있다. 추악한 승리보다 아름다운 패배에 우선적 가치를 두는 것은 도덕적으로 판단하게 될 때 나타나게 된다.

생각연습

01. 결과에 따라서 성공과 패배가 판가름 나는 스포츠상황에서 추악한 승리보다 아름다운 패배를 더 가치 있다고 주장할 수 있는 근거는 무엇인가?

02. 사리분별판단은 어떠한 요소를 근거로 하는 것인가?

02

현대스포츠는 무엇이 문제인가?

현대사회에 들어와 스포츠인구는 더욱 증가하고 있다. 세상이 스포츠화되어가고 있다. 현대인들은 거의 매일 직접적으로 스포츠를 행하거나 또는 간접적으로 스포츠에 관심을 가지며 일상적으로 스포츠의 이미지를 소비하기까지 한다. 스포츠의 기원은 엄밀히 말해서 인류의 출발점으로 거슬러 올라갈 수 있지만 스포츠의 보급 및 확대는 근대이후 산업사회의 출현과 맥락을 같이 한다. 또한 이러한 스포츠의 수요가 더욱 증가하여 대중화 시대를 이룬 것은 현대 산업사회의 괄목할 만한 사회문화적 특징이라고 할 수 있다. 이러한 스포츠문화의 확대현상을 우리는 어떻게 이해할 수 있을까? 또한 이러한 스포츠 현상이 극단적인 치우침 없이 바람직하게 지속될 수 있는 조건들은 무엇인가?

스포츠는 '사회의 거울'이라는 말이 있다. 이러한 문제에 답하기 위하여 우선 현대사회의 몇 가지 특징들을 살펴보면 현대스포츠를 이해할 수 있을 것이다. 이미 플래스너(Plessner)는 「산업사회에서 스포츠의 기능」이라는 논문을 통하여 스포츠는 사회와 분리하여 이해할 수 없으며 일례로 스포츠의 기록에 대한 집착은 바로 사회의 기록에 대한 집착이라고 지적하였다. 또한 구트만(Guttman)은 「근대 스포츠의 본질」이라는 저서에서 '제례에서 기록으로'라는 부제를 달아놓은 것처럼 근대이후의 스포츠는 '탈 주술의 경향'으로 '세속화' 되었다고 비판하였다. 즉, 전통사회에서 스포츠를 통하여 비합리적인 주술행위를 상징화하였다면 근대이후에는 인간중심의 합리적인 행위방식으로 전문화, 관료주의화, 수량화하여 기록을 추구하게 되었다는 것을 밝히고 있다.

1) 현대사회의 특성

현대사회의 세 가지 특징을 요약해 보면 나음과 같나. 첫째, 자연과 문화의 부조화, 둘째, 신체와 정신의 부조화, 셋째, 감성과 이성의 부조화를 들 수 있다(송형석, 1999).

(1) 자연과 문화의 부조화 현상

자연과 문화의 부조화 현상은 인간이 생존하기 위하여 자연환경을 자신의 생명유지에 유리한 형태로 변형시키는 과정에서 발생한 것이 문화라는 관점에서 현대인은 자연환경이 아닌 기술환경 속에서 살고 있다는 것이다. 근대이후 기술과 과학의 발달은 현대산업

문명을 자연적이기보다는 인위적으로 수정, 조직하였다고 할 수 있다.

(2) 신체와 정신의 부조화 현상

신체와 정신의 부조화 현상은 현대문명이 기계화, 자동화, 분업화되면서 신체적 활동이나 노동방식이 편리해져서 신체활동이 감소하면서 생겨났다. 인간의 신체성은 과학과 기술이 고도로 발전된 현대 산업사회에서 그 필요성이 상실되었으며 그 결과 운동부족으로 인한 새로운 현대병, 즉 운동부족병, 생활습관병 등은 우리의 불가피한 현실이 되었다.

(3) 감성과 이성의 부조화 현상

감성과 이성의 부조화 현상은 현대사회의 특성 가운데 나타나는 탈 감성화 경향을 말한다. 마르쿠제(Marcuse)에 의하면 근대화 이후로 인간의 합리적 사고는 도구적 이성 하에 인간의 행위를 생산적이고 안락한 생활을 목적으로 감정의 통제가 이루어지며, 즉각적인 만족보다는 지연된 만족의 형태를 추구하게 되었다고 비판하였다. 특히 18세기 이후의 청교도적 금욕주의는 근면함과 성실함 등을 산업사회의 보편적인 사회규범으로 하여 인간의 감성적 표출을 지나치게 억압하는 삶의 양식을 만들기도 하였다. 이에 대한 긍정적인 측면을 부인할 수 없지만 부정적인 측면을 본다면 우울증, 스트레스, 히스테리, 노이로제 등과 같은 현대 정신병을 일으키게 했다는 것을 간과할 수 없다. 이러한 사회적인 특징들은 현대사회의 스포츠에도 반영되고 있다.

2) 현대스포츠의 특징

급진적인 과학기술의 발달로 인하여 문명의 이기를 누리고 있는 현대사회는 부수적으로 뒤따르는 분열된 삶의 양식을 경험하게 되었다. 이러한 부조화를 조정하기 위한 노력들도 끊임없이 나타나고 있다. 특히 여가시대라는 별명을 가진 21세기, 문명 혜택의 결과로 얻게 된 물질적인 편리함과 더불어 정신적인 풍요로움을 추구하는 삶의 양식 가운데 스포츠에 대한 관심은 더욱 증가할 수밖에 없다는 것이 사실이다. 이러한 관점에서 스포츠의 특징을 크게 세 가지로 살펴보면 첫째, 자연지향적인 경향 둘째, 신체지향적인 경향 셋째, 체험지향적인 경향 등을 들 수 있다(송형석, 1999).

(1) 자연지향

자연지향에 대한 반작용으로 경향은 산업이 고도화됨에 따라 가속화되는 도시집중화 현상에 대한 반작용으로 자연에 대한 동경을 하게 한다. 패러글라이딩, 번지 점프, 산악자전거, 하이킹, 스킨 스쿠버 등과 같은 에코 스포츠(eco sports)는 이미 우리에게 익숙하다.

(2) 신체지향

신체지향적 경향은 일상생활에서 감소되고 소홀시 되기 쉬운 신체활동에 대한 지대한 관심을 상반적으로 드러내는 것이며 신체와 정신의 부조화에 대한 의식적인 긴장상태를 의미하기도 한다.

(3) 체험지향

체험지향적 경향은 인간의 본능적 욕구를 분출할 수 있는 방법이라고 할 수 있다. 체험을 지향하는 것은 일종의 쾌락을 추구하는 것이라고도 할 수 있는데 여기서 앞서 말한 마르쿠제의 가치관이 역으로 전도되는 것을 발견할 수 있다. 즉 도구적 이성에 의하여 억압되었던 감성에 대한 관심이 높아지게 된 것이다. 이러한 측면에서 현대 스포츠에서는 체험, 놀이성, 즐거움 등이 강조되며 '지금 여기 이 순간'에서의 즐거운 체험이 완전한 미래보다 더 큰 매력이 되는 것이다.

3) 스포츠를 통한 조화로운 모색

현대사회의 분열된 부조화 현상들은 스포츠활동을 통하여 조화롭게 조정되기 위한 반작용으로써 현대 스포츠의 특징을 형성하고 있다. 그러나 문제는 부조화에 대한 조화를 얼마나 바람직하게 조정해줄 수 있는가이다. 올바르게 조화를 이룰 수 없다면 또 다른 부작용을 반복하게 되는 것이 당연한 것이다. 첫 번째로 나타나는 자연지향적 경향에서 생태학적 윤리의식이 간과된다면 스포츠는 환경오염의 주범이 될 수밖에 없는 결과를 초래한다. 두 번째로 나타나는 신체지향적 경향에서 정신적인 신체(육화된 정신으로서의 신체) 개념이 무시된다면 왜곡된 몸의 인간상이 될 우려가 있다. 근대사회에서는 규율과 훈련에 순종하는 신체의 경향을 보이는 반면, 현대사회에서는 그것을 이탈하려는 과잉된 신체의 경향을 보인다(손환 외 역, 2000)고 할 수 있다.

이러한 경향은 스포츠활동에 있어서 신체 생물학적인 측면에만 과도하게 집착하는 부정적인 결과를 낳을 수도 있다. 또한 세 번째로 나타나는 체험지향적 경향에서 우려되는 문제는 스포츠활동이 이성과 감성의 긴장상태와는 무관한 일방적인 쾌락적 행위로 나타날 가능성이 있다는 것이다. 즉, 스포츠활동을 통하여 추구될 수 있는 '사디즘(sadism)'이나 '마조히즘(masochism)' 등 극단적인 쾌락적 성향이 체험지향의 일반적인 형태로 합리화될 수도 있기 때문이다.

그렇다면 현대스포츠에서 나타날 수 있는 또는 이미 나타난 이러한 극단적인 경향들에 관한 문제를 해결할 수 있는 중요한 조건들을 모색해야 한다. 인간적인 문화로서의 스포츠활동이 지속될 수 있는 중요한 조건으로는 바로 인간을 둘러싼 자연환경에 대한 생태학적 윤리의식이 전제되어야 한다는 것이며 육화된 정신으로서의 신체를 이해하고 정신적인 인간움직임에 대한 가치를 지향하는 것이다. 또한 이성과 감성의 조화를 향유하는 우리 몸의 자리를 재인식하는 것이다.

생각연습

01. 현대스포츠의 문제에 대하여 많은 학자들은 지적하였다. 여러분이 생각할 때 현대스포츠의 문제는 과연 무엇인가?

02. 구트만(Guttman)이 구분한 근대스포츠의 특징을 살펴보고, 전통스포츠와 근대스포츠의 차이가 무엇인가를 설명해 보자.

참고문헌

손환 외 역(2000). 스포츠를 생각한다. 서울: 홍경.

송형석(1999). 스포츠와 인간. 서울: 이문출판사.

Guttman. Allen. 송형석 역(2008). 근대스포츠의 본질: 제례의식에서 기록추구로. 서울: 나남.

03

운동선수는 왜 윤리적이어야 하는가?

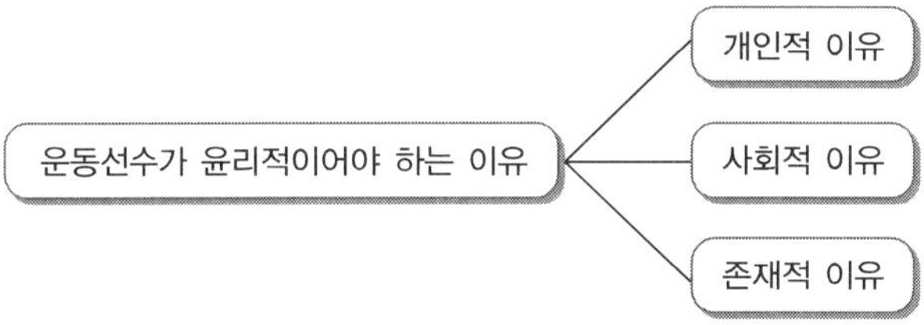

최근 프로야구 선수의 금지약물복용이나 음주운전 그리고 프로농구 감독의 불법스포츠도박에 연루된 사건들이 연이어서 발생하고 있다. 이러한 문제의 근본적인 원인을 우리나라 엘리트스포츠의 파행적인 운용에서 그 원인을 찾고 있다. 해결방안 역시 정상적으로 공부하는 학생선수를 양성하는 교육에서 찾고 있다. 전문가들은 선수들의 의식수준이 운동 외에는 다른 관심이 없기 때문에 운동 밖의 다른 영역에 대해서는 낮을 수 있다고 보고 있다. 그 이유는 정상적인 교육을 받지 못하고 운동만 하도록 강요받았기 때문이다. '체육 특기'라는 부분으로 공부와는 거리가 먼 집중적인 훈련방식은 과거의 스파르타식임을 누구나 알고 있다. 지금은 공부와 운동을 병행할 수 있는 관심의 확장이 고려되어야 할 것이며 사회적인 인식과 더불어 스포츠지도자들이 공부와 운동을 병행해야 한다는 절실한 필요의식이 전제되어야만 할 것이다. 운동선수가 윤리적이어야 하는 이유에 대하여 이학준(2001)은 세 가지 이유를 제시하고 있다.

1) 개인적 이유

개인적 이유는 운동선수가 윤리적이어야 좋은 이미지를 가질 수 있기 때문이다. 이미지가 곧 돈이라는 인식이다. 프로선수가 좋은 이미지를 갖게 되면 광고와 다른 미디어에 출연하여 돈을 추가로 벌 수 있다. 그렇기 때문에 좋은 이미지를 갖기 위해서 선행을 하는 경우가 종종 있다. 이와는 반대로 미디어의 주목을 끌기 위해서 악행을 하는 경우도 있다. NBA의 로드맨(Rodman) 같은 경우가 그 예이다. 그는 미디어에 주목을 받지 못하는 입장에서 자신의 상품가치를 높이기 위해 악행이나 기이한 행동을 한다. 이렇게 행동함으로써 가십거리가 되고 미디어의 주목을 받아 상품가치를 높인 사례이다.

2) 사회적 이유

운동선수는 청소년들이 되고 싶은 꿈 중에 하나로 크게 부각되고 있다. 그만큼 스포츠스타는 청소년에게 미치는 영향이 크다. 청소년의 역할모델이 될 수 있기에 언행을 조심하고 윤리적인 행위를 보여주어야 한다. 청소년들은 스포츠스타를 모방하려는 성향이 크기 때문에 스포츠스타들은 윤리적이어야 한다. 이런 주장에 반론도 가능하다. 운동선수의 비윤리적인 행동을 모방하기보다는 타산지

석으로 삼아서 비윤리적인 행동을 하게 되면 자신에게 큰 피해라는 인식을 할 가능성도 크다. 운동선수의 비윤리적인 행동은 선수생활을 중단해야 하는 상황까지 갈 수 있기 때문이다.

3) 존재적 이유

운동선수는 선수이기 이전에 인간이라는 사실이다. 인간은 도덕적이어야 한다는 당위적인 이유이다. 인간이 다른 피조물과 다른 점은 인격을 가지고 있으며 도덕적 행위를 한다는 점이다. 다른 피조물들은 도덕적 행위보다는 본능에 따라서 행동을 한다. 인간만이 본능을 넘어서 윤리적 의식에 따라서 행위를 한다. 인간이 비윤리적 행위를 하게 되면 인간다움을 상실할 수 있다. 운동선수 이전에 인간이기 때문에 인간다움에서 벗어나지 않기 위해서 적어도 인간은 윤리적으로 행동해야 한다.

4) 운동선수의 윤리적 당위성

지금까지 운동선수가 왜 윤리적이어야 하는가에 대한 세 가지 이유를 살펴보았다. 이미지가 곧 평가이기 때문에 긍정적 이미지를 형성하기 위한 개인적 이유, 청소년들의 역할모델이 될 수 있기 때문에 윤리적이어야 한다는 사회적 이유, 그리고 운동선수이기 전에 인간이기 때문에 윤리적이어야 한다는 존재적 이유가 있다. 이런 이유들 외에 다른 이유들도 중요하지만 존재적 이유에서 우리는 윤리적 행동을 해야 하는 당위성을 찾을 수 있을 것이다.

생각연습

01. 운동선수가 윤리적이어야 하는가에 대한 개인적, 사회적, 존재적 이유에 대하여 비판적 입장에서 볼 때 이러한 주장의 한계는 무엇일까?

02. 스포츠에서 스포츠윤리가 필요한 이유는 무엇인가?

03. 스포츠에서 우리가 추구해야 할 목적이 아레테(탁월성)와 아곤(경쟁) 중에서 어디에 중점을 두어야 하는가?

참고문헌

이학준(2005). 스포츠 속으로. 서울: 북스힐.

04

스포츠에서 도핑은 금지되어야 하는가?

스포츠는 인간신체의 한계에 도전하는 가치를 지향한다. 하지만 현실을 살펴보면, 인간신체는 한계에 직면하였고 사회는 신기록과 승리를 강요하는 분위기에서 선수들은 운동수행능력에 도움을 주는 것에 관심을 가질 수밖에 없다. 그 결과 운동연습을 통한 기록과 승리를 위한 도전보다는 손쉽게 약물에 의존해서 운동수행능력을 강화하려고 한다. 이러한 선택은 모든 선수를 대상으로 도핑을 검사하지 않는다는 것과 걸리지 않으면 된다는 안일한 생각 등이 도핑의 확산을 가져왔다고 할 수 있다.

주장	증거	반박
약물은 공정하지 않다.	그럴듯한 보강증거: 약물은 운동 실행에서 보완, 보조 또는 보충 작용을 할 수 있다.	역사적으로 다른 실행 보조제들은(스파이크 등) 불공정한 것으로 간주되지 않는다. 출생조건이 이점을 줄 수도 있다.
약물복용은 선택이다.	그렇다. 종종 동료나 코치, 트레이너의 충고나 지지를 받는다.	종종 유일한 대안이 최고 수준에서의 성공을 이루지 못하는 것이다.
약물은 건강에 해롭다.	일부는 부작용을 지니고 있지만 다른 것들은 그렇지 않다.	일부 스포츠행위들 역시 위험하다. 합법적 약물들 중 금지된 물질들보다 더 해로운 것들이 많이 있다.
약물은 자연적이지 않다.	부분적 지지: 많은 약물들이 자연적 산물의 합성판이다.	자연적 신체 상태란 존재하지 않는다. 훈련, 식사, 환경 등이 모두 생화학적 변화를 일으킨다.
선수들은 역할 모델들이다.	강한 지지: 젊은이들은 스포츠 스타들을 흉내 내려 한다.	록 스타와 배우들도 모방한다. 일단 어느 수준에 노날하면 젊은 선수들은 약물이 사용된다는 것을 어쩌면 그들의 역할 모델들을 보고 깨닫게 된다.
약물은 사업에 나쁘다.	좋은 지지: 스폰서들은 약물을 사용했거나 사용 중이라는 의심이 가는 선수와의 계약을 피한다.	스포츠 규제조직들은 상업적 동기가 약물정책을 이끌어 가고 있는 것이 아니라고 주장한다.

*출처: 정준영 역, 2001.

근본적으로 선수들이 아레테(arete:탁월성)를 추구한다면 도핑은 있을 수 없다. 하지만 선수들이 아곤(agon:경쟁)을 추구하는 과정에서 수단과 방법을 가리지 않고 승리하면 된다는 생각을 하기 때문에 도핑이 나타나게 되었다. 선수가 운동경기에서 성적을 향상시킬 목적으로 약물을 사용하거나 특수한 이학적 처치를 하는 것을 도핑이라고 한다. 전신수영복과 같이 약물을 사용하지 않지만 허용되지 않은 기구나 물질을 이용하는 것도 도핑이라고 규정하고 있다. 도핑을 금지하는 이유로 첫째, 자연성, 둘째, 공정성, 셋째, 건강 넷째, 윤리성 다섯째, 타자피해 여섯째, 역할모델 등이 있다.

> 스테로이드를 사용하는 것이 그러한 이야기를 보도 하는 남성 TV리포터가 성형수술을 받거나, 여배우가 보톡스를 맞는 것, 그리고 연설자가 무대공포증 완화효과를 위하여 베타 차단제를 사용하는 것과 어떻게 다른가? －Robert Lipsyte 기자, 2005
>
> 출처: 구창모, 권순용, 2011

위와 같은 질문을 우리가 받게 된다면 여러분은 어떤 생각을 할 것인가? 왜 운동선수는 운동수행능력의 향상을 위해 도움을 받으면 안 되는 걸까? 운동선수는 운동선수이기 때문에 도핑을 금지하는 것이 당연하다고 주장한다면 설득력을 얻을 수 없다. 도핑을 금지해야 하는 이유로 자연성, 공정성, 건강, 윤리성, 타자피해, 역할모델 등의 6가지 이유를 들어서 금지하는 것이 당연하다고 주장한다면 우리는 어떻게 말해야 하는가? 스포츠는 다르기 때문이다. 스포츠는 깨끗하고 순수해야 한다는 주장만을 할 수 없다. 각자가 이 문제에 대하여 한번 곰곰이 생각해 보자.

생각연습

01. 박태환 선수의 금지약물 복용은 개인적 실수인가? 아니면 경기력 향상을 목적으로 고의적으로 복용한 것인가? 다음의 신문기사를 읽고 생각해 보자?

박태환 에이전트는 26일 보도 자료에서 "인천 아시안게임 약 2개월 전에 국내 한 병원에서 척추교정 치료와 건강관리를 받으면서 맞은 주사에 금지약물 성분이 포함됐다. 병원에 민형사상 책임을 묻겠다"며 병원 쪽을 겨냥하고 있다. 10여 년간 도핑을 걱정해 감기약도 제대로 먹지 않았던 박태환이 여러 차례 금지약물이 있는지 없는지를 확인했다고까지 했다. 박태환이 주사제로 맞았던 바이엘 제약회사의 네비도는 세계반도핑기구에서 정한 도핑약품으로 규정돼 있다.
네비도 앰풀의 표면에는 역시 세계반도핑기구에서 도핑물질로 규정한 테스토스테론이라는 글자가 한글로 쓰여 있다. 만약 에이전트 쪽 주장이 맞는다면 박태환은 네비도라는 상표명을 몰랐거나 테스토스테론이 들어간 줄 모르고 맞았을 가능성이 있다. 이럴 경우 병원 쪽 의료진이 도핑물질에 대해 전혀 모르고 주사를 놨다는 결론이 나온다. 국가대표팀 주치의를 했던 한 전문의는 "도핑에 대해 전문적인 지식이 없으면 모를 수도 있다"고 했다.
하지만 도핑에 걸리면 모든 것을 잃어버릴 수 있는 전문 운동선수가, 그것도 10년 이상 도핑테스트를 받았던 세계적인 수영선수가 의사의 말만 믿고 주사를 맞았다는 데 의문을 제기하는 이도 있다. 국내 한 도핑 전문가는 "에이전트가 하는 일이 무엇인가? 선수를 관리하는 일인데 테스토스테론이 들어간 주사제를 맞았다는 것을 놓쳤다면 관리의 잘못"이라고 했다. 또 "테스토스테론은 한 번 맞아서 효과를 보기는 어렵다. 여러 번 맞았을 가능성도 있다"는 조심스런 의견을 내놨다. 박태환은 이 병원을 여러 차례 이용했다고 검찰은 밝혔다(한겨레신문, 2015년 1월 27일자)

02. 경기력 향상을 위한 도핑은 정당화될 수 있는가?

참고문헌

정준영 역(2001). 스포츠, 그 열광의 사회학. 서울: 한울.

구창모, 권순용 역(2011). 스포츠사회학. 서울: 대한미디어.

한겨레신문(2015년 1월 27일자)

05

스포츠에서 왜 생태윤리가 중요한가?

“우리에게 단 하나의 지구밖에 없다.” 1972년의 국제연합 제1차 환경의회를 계기로 스톡홀름에 모인 수천 명의 젊은이들에 의해 생태주의는 탄생되었다. 각국의 과학자들과 유네스코, 국제식량기구, 세계보건기구 등에 의해서 계발된 국제기관의 직원들의 위기감에서 출발한 환경회의는 오염과 싸우고 자연을 보호하기 위한 행동계획을 제시하였다. 공업사회에서 인간은 자신들이 자연으로부터 분리되었으며 자신들의 손으로 만든 문화의 늪에 빠져들고 있다. 여기서 공업인간 하이드 씨의 여러 가면 뒤에 더욱 진실성 있는 생태학자 지킬 박사의 윤곽이 떠오르는 것이다(김태창 역, 1987).

1) 환경문제의 악순환

20세기 초 유럽에서 스포츠와 운동은 자연성 회복운동과 같은 의미로 사용되었다. 왜냐하면 정신을 우위로 한 정신문화 속에서 자연성을 회복하는 의미의 신체활동을 중시하기 시작했기 때문이다. 즉, 전통적으로 인간을 자연과 독립된 이성의 소산인 정신적인 존재와 자연의 산물로써 생물학적 존재로 분리하였다. 그러나 합리적인 이성을 도구로 성취해낸 과학만능주의가 오히려 인간의 삶을 지배하게 되어 비인간적인 삶으로 피폐화하는 결과를 낳았다.

따라서 신체활동으로 이루어진 스포츠 및 체육활동은 자연성을 회복하려는 활동이라고 인식하였다(R.W. Schulte, 1928). 그러나 현실적으로 스포츠에 대한 욕구가 증대하고 스포츠 인구가 늘어갈수록 자연을 회복하는 것이 아니라 오히려 자연을 훼손하는 주범이 되었다. 스포츠 활동이 과학화, 경쟁화, 상업화, 대규모화되면서 스포츠를 위한 시설 건립이 거대해지고 각종 장비와 보조 기구의 신소재 개발에 따른 공업화 등은 환경오염을 필수적으로 수반하게 된다. 특히, 자연스포츠(eco-sport)에 대한 관심이 증가하고 인구가 집중될수록 자연환경을 훼손하는 결과를 낳는다. 결국 오염된 공간을 피하여 오염되지 않은 지역에서 스포츠활동을 하지만, 스포츠에 의하여 오염되지 않은 지역을 다시 오염시키는 결과를 초래하는 것이다. 이렇게 오염된 자연환경은 또 다시 스포츠활동을 제한하고 억압하는 악순환을 거듭하게 된다.

2) 삶의 분열과 가치변화

환경은 삶의 유일한 공간이다. 그러므로 환경과 인간은 하나의 운명공동체를 이룬다. 그러나 인간이 이성을 도구로 자연을 정복하기 시작하면서 자연은 훼손되어가고 삶의 양식마저 변화되었다. 즉, 자연을 상실한 인간은 분열된 인간상(도시인과 농민, 생산자와 소비자, 공적 생활과 사적 생활, 노인과 청년, 지식인과 육체노동자)을 낳았고, 현대문명에 마비된 인간 또는 길들여지는 인간으로 개성과 주체성을 그리고 꿈을 잃어버린 인간으로 변질되었다. 라울 반네이겜은 모든 곳에 '인간의 측정'이 침투되어 있다고 지적한다.

자동차로 멀리 가는 조그만 즐거움조차 일률적으로 주행거리, 속도, 휘발유의 소비량 등으로 평가되고 있으며, 수송은 평균속도가 어느 정도 빠르게 되었는가로 측정되고 연예는 파트너의 수로 평가되기 쉽다. 이렇게 질은 계속 증가되는 양 앞에서 평가절하를 면치 못하고 있다. 스포츠에서 조차도 '보다 빠르게, 보다 높이, 보다 강하게(Citius, Altius, Fortius: 르까프 LE CAF)'라는 근대적인 가치기준을 중심으로 계량화되어 기록되어 왔다.

3) 대응전략으로서의 생태윤리학

바로 이러한 환경문제에 대한 악순환과 삶의 양식의 변화에 대응할 수 있는 가장 최근의 노력으로써 생태윤리학이 등장하였다. 기존의 윤리학이 인간중심주의였다면 새로운 윤리학은 자연중심주의 또는 생태중심주의라고 할 수 있다. 자연중심주의의 효시는 알베르트 슈바이처(Albert Schweitzer)를 들 수 있다. 그는 합리적 이성만을 강조하는 데카르트를 비판하고 자연의 산물인 생명을 모든 철학의 출발점으로 삼을 것을 주장하였다.

또한 인간을 '만물의 척도'로써 보다는 다른 존재자들과 더불어 살아가는 여러 생명체 가운데 하나인 '만물 가운데 하나'로 이해하였다. 한스 요나스(H. Jonas)의 저서 「책임의 원리: 기술시대의 생태학적 윤리」에서는 인간중심주의를 비판하는 것을 골자로 하여 인간의 권리에 앞서 책임의 원칙을 상기시켜 주었다. 이에 대하여 테일러(Taylor)는 생태윤리의 네 가지 행위규칙을 발전시켰다.

첫째, 생명체를 해치지 말아야 한다는 비상해의 원칙이며 둘째, 개개의 생명체들과 생태계 전체가 자유롭게 발전하는 데 제한을 가하지 말아야 한다는 불간섭의 원칙 셋째, 자연 상태에서 살고 있는 야생동물들에게 위해를 끼쳐서 그들의 우리에 대한 신뢰를 훼손해서는 안 된다는 신뢰의 원칙과 마지막으로 부득이한 경우 인간과 다른 생명체 간에 정의의 균형이 깨어졌을 때 그것을 회복시키도록 노력해야 한다는 보상적 정의의 원칙이다(허재윤 역, 1993).

이러한 환경위기시대에 일어나는 스포츠와 환경의 파생적 문제들을 어떻게 이해하고 해결할 수 있는가? 이 물음에 대한 답변은 스포츠윤리학의 몫이다. 스포츠윤리학이 스포츠라는 인간의 특수한 행위를 하면서 자연에 대한 올바른 행위를 탐구하는 데 관심을 기울이고 있다면 스포츠윤리학은 이미 환경관련 스포츠윤리학 또는 생태 지향적 스포츠윤리학이 되기 위한 노정에 있다고 볼 수 있다(송형석, 1999).

과거의 전통적인 스포츠윤리학은 인간과 인간의 관계에서 즉, 선수와 선수 간의 도덕적 관계 규정을 대상으로 하는 이원적 윤리 이론을 기반으로 하였다. 이러한 인간과 인간의 이원적 관계규정에서 인간과 인간 그리고 자연이라는 삼원적 관계규정으로 확대시켜야 할 것이다. 또한 전통적 윤리학은 의무론적 윤리학으로 개인 행위에 대한 의무론적 관점이 지배적이었으나 이러한 면에서 행위가 앞으로 야기시킬 수 있는 결과를 우선적으로 고려하는 목적론적 윤리학의 필요성이 야기된다고 볼 수 있다. 이러한 개인적인 관점은 스포츠 관련 범위의 영역을 망라하는 윤리학으로 스포츠시설 공업자, 상업적 스포츠 프로그램 운영자, 스포츠용품 생산자, 스포츠 정책 등의 다양한 부분에서 확대되어야 할 것이다.

송형석(1999)은 이러한 전통 윤리학에 대한 새로운 스포츠윤리학의 이념으로써 '공존'을 중심으로 한 공존적 스포츠윤리학을 제안하였다. 공존은 사실이자 하나의 가치를 의미하며 공존의 이념을 추구하는 윤리이론은 하나의 원칙만을 고수하는 것이 아니라 공정의 원칙, 책임의 원칙으로부터 복수적 가치체계를 가지고 새롭게 해석될 수 있는 역동적이고 개방적인 태도를 지향한다. 특히 공존적 스포츠윤리학의 주요 과제는 스포츠행위와 선수의 태도가 공존이라는 가치에 부합하는가의 여부를 점검하는 일이며 과거에 스포츠 상황에서 언제나 공정하게 행동하라는 윤리강령은 새로운 관점에서 언제나 공존적으로 행동하라는 강령으로 변화되어야 할 것이다.

4) 지속가능한 스포츠의 계율

스포츠의 지속 가능한 공존윤리적 발달을 위하여 준수해야 할 세 가지 계율을 다음과 같다. 첫째, 필요성의 계율이다. 즉, 스포츠시설 건립 시 전문가를 투입하여 시설 건립의 필요성을 정확하게 진단하고 불필요한 것으로 판명될 경우 건립포기를 종용하는 행위지침이다. 둘째, 역사성의 계율이다. 즉, 자연공간에 새로운 스포츠시설을 건립할 경우 자연의 역사성을 존중해야 할 것이다. 셋째, 다양성의 계율이다. 즉, 자연과 스포츠 수행자와의 관계는 화학식이나 생물학적 언어를 상징적으로 표현할 수 있으나 미학적으로 접근할 수도 있다는 것이다. 이것은 자연미를 보존하는 것으로 자연의 고유한 다양성을 살려주는 것을 말한다.

생각연습

01. 골프인구가 급증하여 국내 골프장만으로 골프를 즐길 수 없다는 입장에서 골프장 건설이 늘어나고 있다. 과연 골프장 건설은 환경파괴인가 아니면 지역개발인가?

02. 2018년 평창 동계올림픽과 관련하여 체육시민연대, 환경단체 등에서 반대하고 있는 주된 이유는 환경파괴라고 할 수 있다. 과연 동계올림픽 개최를 위하여 자행되는 환경파괴를 어떻게 봐야 하나?

참고문헌

송형석(1999). 스포츠와 인간. 서울: 이문출판사.

김태창 역(1987). 인간, 과학, 기술, 생태주의. 서울: 나남.

허재윤(1993). 현대의 환경윤리의 문제. 철학연구. 제18호.

06

스포츠가 예술인 이유는 무엇인가?

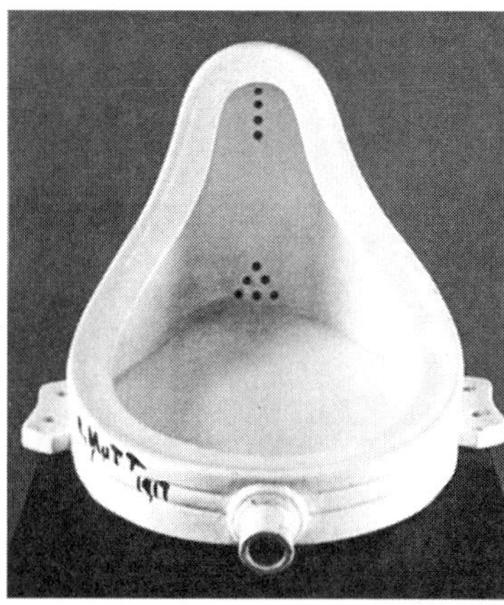

마르셀 뒤샹(Marcel Duchamp)의 작품 〈샘〉은 상점에서 구입한 남자용 변기를 변형 없이 그대로 〈샘〉이란 제목을 붙여 사인을 하고 화장실이라는 원래의 장소에서 자리를 옮겨 앙데팡당전에 출품했다가 전시를 거부당했다. 이에 마르셀 뒤샹은 다음과 같은 항변을 한다. 첫째, 변기가 불결하고 부도덕하다는 이유로 전시가 거부되었다면 그것은 변기에 부여한 인간의 관념이 불결한 것이지, 변기란 실물은 이러한 관념과 무관한 깨끗한 물체에 불과할 뿐 오히려 그것은 사막의 목자에겐 식수도 담을 수 있는 멋진 그릇의 의미도 갖고 있는 것이 아닌가. 둘째, 변기를 그대로 그리지(再現) 않았다고 해서 전시를 거부했다면 변기를 가장 잘 나타낸 것은 무엇이란 말인가. 그것은 변기를 잘 그린 그림도, 변기를 그대로 찍은 사진도 아닌 변기 그 자체가 아닌가. 마지막으로, 변기를 손수 그리거나 만들지 않았다고 해서 전시를 거부했다면 창조의 의미는 반드시 만드는 것에만 있는가. 제시할 수 있는 발견도 창조가 아닌가. 김해성 저, 〈현대미술을 보는 눈〉, 28~29p

스포츠가 예술인가, 아닌가에 대한 논의는 예술을 연구하는 미학자와 체육학자 사이에서 뜨거운 화두였다. 일부 미학자는 전통적인 예술론의 논리와 특성으로 해석하면서 스포츠는 경쟁적 측면을 주요 특성으로 보고 스포츠가 예술이 되기에는 다소 무리가 있다는 견해를 보여 왔다. 반면 대부분의 체육학자들은 스포츠를 경쟁적인 측면으로만 해석하려는 미학자들의 의견을 반박하고 피상적으로 다루어진 스포츠에 대한 시각의 확장을 요구하며 스포츠의 예술적인 측면을 강조해 왔다.

스포츠가 현대문화에서 주요한 자리를 차지하면서 스포츠가 예술인가, 아닌가의 질문은 스포츠를 예술의 일부분으로 흡수되려는 움지임에서 벗어나, 스포츠 고유의 문화적 특성을 고려하여 예술의 범주와 동등한 위치에서 논의되어야 할 것이다.

1) 스포츠와 예술의 공통점과 차이점

스포츠와 예술의 공통점으로는 ① 자발적 참여, ② 시간과 공간의 구조, ③ 놀이로서의 득징, ④ 인간의 근본적 욕망(창조싱, 도전의식, 완전한 자유)의 표출, ⑤ 여가 시간 활용의 문화적 표현으로 살펴볼 수 있다. 그러나 스포츠와 예술의 주요 특징 사이에 대비되는 점을 들어 스포츠와 예술의 차이점으로 지적되는 사항은 첫째, 승리를 위한 욕망이 스포츠를 비예술화한다. 둘째, 스포츠가 예술에 비해 스타일, 우아함, 멋, 폼이 빈약하다는 점 등이다.

2) 스포츠의 예술성에 대한 논의

이러한 논의에 앞서 '스포츠는 예술이다.'라고 주장하기보다, 스

스포츠는 예술이다	
김영환	스포츠 고유의 예술적 요소
Kunts	시간과 공간 구조
Meheu	표현문화의 한 형태
Gooman	예술의 상징성
Hein	자발성에 기초

스포츠는 예술이 아니다	
Elliott	스포츠와 예술의 목적과 동기가 상이함(승리 지향)
권윤방	스포츠에서의 미는 무의식적이고 의도되지 않은 것
Best	스포츠에서의 미는 스포츠의 주된 목적에 부수적인 것
Ziff	스포츠에서의 스타일, 폼, 우아함의 빈약함(비연속적, 우연적)

※ 출처: 이한주, 1987

포츠에서 예술적 측면을 발견할 수 있다는 '스포츠의 예술성'에 대하여 논의를 시작하는 것이 논리적으로 바람직할 것이다. 공인된 예술의 특성들에 부합하여 예술과 동일한 조건으로 '스포츠는 예술'이라고 인정되기는 어렵기 때문이다. 그러나 스포츠의 예술성을 단지 신체 기능적인 면에 한정지어 '스포츠는 예술이 아니다'라고 단언하는 것 또한 어렵다. 즉 스포츠는 독특한 예술적 형태를 갖는 문화의 하나로 인정되어야 한다. 그러기 위해서는 예술적 기준으로 스포츠를 바라볼 것이 아니라, 스포츠의 특성들을 고려하여 스포츠에서 나타나는 아름다움과 심미적 가치들에 주목해야 한다. 따라서 스포츠의 예술성을 탐색하는 것은 스포츠의 가치를 찾아가는 데에 있어 매우 의미 있는 일이 될 것이다.

전통적으로 스포츠의 예술적 측면에 대한 논의는 다음의 세 가지 입장에서 보다 구체적으로 논의되어 왔다.

(1) 스포츠에서 폼과 스타일의 빈약

스포츠에서는 미적요소인 폼과 스타일이 빈약하다는 주장이다. 다른 예술에 비해 스포츠에서 폼과 스타일은 중요하지 않은 것이며 설사 나타난다고 해도 무의식적이기 때문에 스포츠는 예술이 될 수 없다고 주장한다.

그러나 폼은 스포츠에 있어서 기초적인 요소로서 폼이 결여된 상태에서 높은 기술 수준에 오르기는 어렵다. 즉 기본적으로 폼을 습득한 후에 좋은 기술과 멋진 기술이 표현되며 이 후에 자신의 능력을 효과적으로 사용할 수 있고 이러한 과정에서 개인의 스타일이 표출된다. 어떤 선수들은 스스로 계발하여 자신만의 폼과 스타일을 적극적으로 표현하기도 한다.

폼과 스타일 그리고 정확성이라는 세 가지 요소가 자연스럽게 조화를 이루고 여기에 힘과 기술로 이어질 때 스포츠 특유의 아름나움이 표출된나. 물론 폼과 스타일이 걸여된 상태에서 플레이도 가능하고 아름다움이 없이도 스포츠는 행해진다. 그렇더라도 정확성, 신체 기능의 최적의 상호작용은 예술의 목표인 자연스러운 아름다움을 가능하게 한다. 따라서 선수들의 기술, 타이밍, 리듬이 통합된 스타일과 폼의 아름다움은 스포츠 고유의 예술성이라고 할 수 있다.

(2) 표현되는 기술의 관점

스포츠에서 표현되는 기술에 대한 관점이다. 스포츠는 기술에 지나치게 의존한 나머지 미적 요소를 감지할 수 없다는 주장이다. 스포츠에서 나타나는 기술적 측면에서 예술성을 찾을 수 없다고 하지만 스포츠에서의 기술은 단지 성취와 효율성만을 의미하지는 않는다. 스포츠에서의 기술이란 신체와 주변(용구, 시 · 공간적 구조, 규칙 등) 요소의 조화를 의미한다. 즉 운동선수는 우수한 기술을 지향하고 스포츠의 목적과 부합할 때 완벽한 미를 창출한다. 이는 무용수가 자신이 표현하는 동작 속에서 미적 체험을 얻어 예술적 측면을 강화하듯이 운동선수 또한 최고의 수준에 도달한 기술을 통해서 미적 체험을 경험할 수 있다. 매번 새롭게 창조되는 경기상황에서 우수한 기술이 행해졌을 때(선수의 기술과 의도하는 퍼포먼스가 일치할 때) 예술적으로 완벽한 경지를 체감할 수 있다.

(3) 스포츠의 점수, 승부, 경쟁에 대한 관점

스포츠의 점수, 승부, 경쟁에 대한 관점이다. 스포츠를 예술로 볼 수 없다는 입장에서는 목적지향성, 결과지향성이 예술적 특성에 반한다고 주장한다.

모든 결과는 과정을 수반한다. 특히 스포츠에서는 좋은 결과를 위해 선수들은 시합 전까지 행해지는 과정을 중시하며 이를 위해 고통스러운 훈련과정을 참고 견딘다. 즉 스포츠에서 결과를 지향하기 위해서는 과정과 준비가 철저하고 명확히 존재해야만 한다. 최고가 되기 위해, 승리하기 위해 준비하는 과정이 눈에 보이지 않았다고 하여 결과에 묻혀 존재하지 않는 것으로 간주하는 것은 옳지 않다. 또한 경쟁이라는 특성은 예술분야에도 존재하는 질적인 발전의 지향이므로 스포츠도 같은 맥락에서 이해될 수 있다. 즉 인간의 근본적 욕망에서 경쟁을 들여다 볼 필요가 있다.

스포츠에서는 승리와 같이 결과로서 '목표의 완수'가 가장 중요한 가치로 보이지만, 스포츠에서 진정으로 의미 있는 움직임은 멋진 경기, 최선을 다하는 경기이며 이렇게 스포츠 세계로 몰입하여 감정의 절정을 경험할 수 있다. 따라서 승부나 기록은 스포츠의 유일한 목적이 아니라 부수적 산물이며, 미적 가치를 한층 높여주는 요소이다. 경쟁은 성취 욕구를 실현하는 요소로서 이는 예술과 공통적이며 예술적 의미를 더욱 확대시킨다.

스포츠의 예술성에 대한 논쟁에도 불구하고 스포츠는 그만의 예술적 특성들을 통해 문화예술의 한 면을 담당하고 있다. 더 이상 스포츠가 예술인가, 아닌가의 논의는 중요하지 않다. 다만, 스포츠의 예술적 요소와 그 구조를 규명하고 분석하는 데 주안점을 두어야 할 것이다. 이러한 문제를 해결하는 데 있어 스포츠의 과학화와 주지주의적인 관점은 스포츠의 내면을 이해하는 데 이렇다 할 해결책을 제시하지 못했다. 스포츠의 내면과 고유한 특성을 이해하는 데에는 스포츠의 현상학적 측면에 주목한 자기 체험이 실마리를 제공해 줄 것으로 보인다.

김창룡은 저서 『스포츠미학의 시론』에서 예술의 형태로서의 스포츠에 대하여 다음 학자들의 논의를 붙이고 있다.

• 클라인만(Kleinman)의 '예술로서의 스포츠' 관점에서 체육학 방법론

스포츠는 신체발달이나 기능습득 이상의 가치가 내재된 의미 있는 인간 움직임이며, 이는 행위자와 감상자 모두에게 미적 체험의 순간을 제공하고 또한 이는 지속적인 자아혁신과정으로 볼 수 있다고 스포츠의 예술적 측면에 대한 견해를 설명했다. 이에 대한 방법적 측면에서 운동선수는 자신을 예술자로 생각해야 한다고 주장한다. 즉, 스포츠의 고유 가치가 증명되기 위해서는 운동선수에게는 몰입 가능할 수준까지의 운동기량의 향상이 요구되며 이를 통해 몸(신체)으로 체감되는 인식들에 의식을 집중해야 할 것을 주문했다. 스포츠는 기존 학문의 주지주의적 차원에서 해석될 것이 아니라, 체육 본연의 가치를 드러낼 수 있는 새로운 시각으로 접근해야 할것이다.

• 김정명의 '동양무예는 체육을 예술적으로 접근한 원형'

동양무예를 martial art로 보는 시각에 착안하여 동양에서의 예(禮)는 인간과 자연을 서로 조화롭게 해주는 최선의 방법으로 본다. 서양에서는 예술적인 것과 미적인 것의 구분을 전제하는 반면, 동양에서는 이를 구분하지 않고 인위적인 인간의 작품과 자연을 합치시키면서 우주와의 조화를 통해 추구하는 인생의 궁극적인 목적을 이룬다. 무예의 예란 '궁극적인 길'을 의미하며 도(道)와 상호 호환하여 쓰일 수 있다. 동양무예의 시각과 같이 총체적인 실행을 통해 행위자체에 미적으로 완전히 몰입할 수 있고, 이를 통해 완전한 자유의 경지에 오를 수 있다.

다카하시 겐이치로의 『우아하고 감상적인 일본야구』 중에서

랜디. 개막하자마자 마키하라로부터 백 스크린 쪽의 홈런을 뺏은 적이 있었어? 처음에는 기뻤지. 이건 전망이 밝다고. 그렇지만 집에 돌아가서 천천히 생각해 보았어. 나는 최고의 공을 최저의 방법으로 친 게 아닐까 하고. 비디오를 돌려 보았어. 돼먹지 않았더군. 그런 폼으로 어떻게 방망이에 맞히는지 짐작도 할 수 없었어. 결과가 좋으면 만사 오케이－이렇게 생각하는 건 아마추어야.

생각연습

01. 지금까지 스포츠에서 객관화, 수량화를 주장하는 과학주의가 지배적으로 작동을 하고 있다. 이러한 환경에서 주관화, 직관주의를 주장하는 스포츠의 예술적 연구는 필요한가?

02. 스포츠가 예술이라고 주장하는 근거와 스포츠가 예술이 아니라고 주장하는 근거는 무엇인가?

참고문헌

김창룡(1999). 스포츠미학의 시론. 서울 : 21세기교육사

이한주(1987). 스포츠의 예술성에 관한 연구. 미간행 석사학위논문. 연세대학교 대학원.

07

스포츠에서 미적체험을 어떻게 해석할 것인가?

〈still life with Glass Flask and Fruit〉, 장 바티스트 샤르댕(Jean Baptiste Chardin)

일상에서 흔히 볼 수 있는 보통의 사물들을 주로 그린 화가이다. 일반적인 정물화이지만, 안정되고 견고한 색채, 세밀한 묘사와 밀도 높은 터치는 우리에게 진기하고 놀랍도록 매혹적인 경험을 가능하게 한다. 평범하다고 생각한 것 하찮은 것에 위대한 예술이 있다. 모두가 알고 있는 스포츠, 깊은 시각으로 바라보면 지나쳤던 일상에 눈을 뜰 수 있고 이로써 사소한 일상이 의미 있게 바뀐다.

미학(美學, Aesthetics)이라는 용어는 18세기 독일의 바움가르텐(Alexander Gottlieb Baumgarten)에 의해 현대적으로 개념화되었는데, 이는 그리스어 'aesthetica'에 어원을 두고 '감각적인 지각'을 의미한다. 풀이하면 감성학(感性學), 또는 '감성적 인식의 학'이라 불린다.

미학에 있어 '미적'이라는 말은 두 가지로 나누어 살필 수 있는데, 첫째는 미를 판단할 수 있다는 가능성을 전제한 미적 대상, 미적 판단, 미적 가치에 대한 이해와 규명을 목적으로 둔 철학적 성찰이고, 둘째는 aesthetic의 어원적 의미에서 해석한 감성적 인식의 개념으로서 이성적인 인식이나 논리적 판단이 아닌 지각된 '감각적인' 것의 이해와 연구를 의미한다.

본 장에서 미적이라는 말의 의미는 '아름답다'라는 말로 인식되는 좁은 의미가 아닌, 넓은 의미의 개념으로서 감상적이고 근원적이란 의미로 볼 것이다. 따라서 스포츠에서의 미는 스포츠의 본질을 직관하고 공감하는 것이다. 미적체험은 일상적 경험과는 구분되며 일상적 경험이 변화하는 것이다. 일상적 체험의 구조인 주체, 객체, 경험 방식 등에 영향을 주어 현실세계로부터 해방시키며, 이로써 현실의 한계를 넘어서게 한다(박현애, 2010).

스포츠의 미적체험은 행위자와 감상자의 측면으로 구분할 수 있다. 스포츠를 직접 행하면서 체험되는 감성적 인식을 스포츠 행위자의 미적체험으로 본다면, 스포츠 감상자의 미적체험은 스포츠의 간접 체험, 즉 감상으로서 인식할 수 있는 감성적 측면을 의미한다. 동일한 스포츠 현상을 두고 감지자의 위치에 따라 미적체험의 특성은 확연히 구분되어 나타난다.

스포츠에서 체험의 중요성이 강조되면서 스포츠 체험을 통한 감성적 측면의 인식(미적체험)에 대한 연구방법으로는 스포츠의 현상학적 관점이 있다. 현상학이란 사변적 지식과 객관화와 수량화로 표출되던 기존의 연구방법에서 탈피하여 경험의 분석에 주목하면서 본체(실재)를 중요시하는 '현상'에 관심을 둔다. 즉 스포츠 현상을 충실히 감지하고 실재를 직관에 의해 주관화하여 표출한다. 특히 스포츠 현상에서 직관에 의한 주관적인 묘사와 분석, 스포츠를 통해서 얻어지는 심층적 경험, 체현된 의미 등이 그 내용이 될 수 있다.

1) 미적체험에 대한 다양한 논의

김영환(1985)은 스포츠가 승리보다 최선을 다해 경기에 임함으로써 자기 경험을 중요시하는 방향으로 나아가야 한다고 주장하면서 여러 학자들의 미적체험에 대한 다양한 이론을 제시하였다.

• 존 듀이(John Dewey)의 전체적 경험

현대인은 여러 사건들을 시간의 범주 속에 놓아서 시간을 과거, 현재, 미래라는 직선으로 생각하고 있다. 그런데 이러한 직선적 진행은 인간을 죽음을 향하게 하는 움직임으로 만들어 인간을 좌절시키곤 한다. 다시 말해서 시간이 흘러간다는 것은 죽음으로 향해서 다가가는 것이다. 따라서 전체적 경험이란 이러한 직선적 진행을 반대하는 개념이다. 즉, 전체적 경험을 통해 모든 분리된 경계가 사라지며 인간과 자연이 일치되는 것이다.

• 칙센트미하이(Csikszentmihalyi)의 Flow

Flow란 자기 자신에 대한 생각을 없애고 자기가 여기에 왜 와있는지 혹은 그 자리에 있는 것이 옳은 것인지 틀린 것인지에 대하여 걱정하지 않고 단지 지금하고 있는 활동에 전념을 기울이는 것이다.

• 매슬로우(Maslow)의 Peak Experience

운동선수가 자기 운동에 집중하다보면 어떤 순간 자신에 대한 의식을 잃어버리고 그 일이나 대상에 심취된다.

• 베렌슨(Bernard Berenson)의 Aesthetic Moment

미적 순간은 깜짝하는 순간이라 거의 시간의 개념이 없는 것처럼 느껴지며, 이때 감상자는 자신이 관람하고 있는 예술작품 속에 도취되어 하나가 된다. 감상자는 이제 일상생활의 자신으로부터 벗어나 그림 혹은 건물, 동상, 경치가 더 이상 자기 밖에 있는 것으로 느껴지지 않는다. 이때 주체와 객체가 하나가 되며 시간과 공간의 개념이 없어지면서 그 관객은 단지 그 작품에 빠져있는 것이다. 다시 말해서 미적 순간은 신비의 순간이다.

2) 미적체험의 의의

미적체험의 특징을 기술하면 다음과 같다(노남순, 2003; 박현애, 2010)

첫째, 미적체험은 실용적인 경험과는 별개의 체험으로 비현실적이다. 둘째, 오감이 통합하여 조화를 이룬 상태에서 경험된다. 셋째, 현상과 대상에 대한 이해와 성찰로 직접적이고 구체적으로 나타난다. 넷째, 집중적인 자각과 응집된 몰입을 통해 경험하는 신비로운 체험이다. 다섯째, 미적 감지력(자각력)을 가진 사람이 체험할 수 있다. 여섯째, 미적체험은 생에 색다른 의미를 주어 충실함과 동시에 생동감 있는 삶을 경험하게 한다.

미적체험은 실존적 자아와의 조우를 경험하게 하며 스포츠의 심층적 분석 및 질적 해석을 가능하게 한다. 스포츠에서 경험할 수 있는 미적체험은 자기 체험적 지식을 통하여 스포츠에 집중하고 몰입하는 과정에서 자연스럽게 지각된다. 전체적 경험 및 절정체험을 통해 자신의 인간 존재적 한계를 이해하고 극복하며 이와 동시에 감성의 초월적 존재를 지각할 수 있다(박현애, 2010).

미적체험을 통해서 생의 어려움을 극복하고 초월한 경험은 일상생활에도 영향을 미친다. 인간에게 불가피한 존재적 한계를 이해하고 이를 극복하기 위해 노력하며, 이 과정에서 실존적 자아를 지각함으로써 삶은 또 다른 의미를 지니게 된다. 또한 스포츠의 미적체험의 기능을 현실세계에서 존재적 한계를 경험하기에 앞서 스포츠를 통해 그 두려움의 과정에 대한 유사경험이 가능하다는 것이다. 따라서 어려움을 극복하기 위해 노력하고 그 과정에서 초월감을 지각하는 것은 적극적이고 진취적인 생에로의 준비가 된다.

문학작품 속에 나타난 스포츠 미적체험

조나단 샤프란 포어(Jonathan Safran Foer)의 『엄청나게 시끄럽고 믿을 수 없이 가까운』 중에서..

"여섯 번째 구도 섬이었단다. 맨해튼과 가느다란 물길을 사이에 두고 있었어. 그 사이의 가장 좁은 거리는 멀리뛰기 세계 최고기록과 맞먹었기 때문에, 전 세계에서 단 한 사람만이 물에 젖지 않고 맨해튼에서 여섯 번째 구로 갈 수 있었지……."

"마침내 시간이 되면, 멀리뛰기 선수가 이스트 강에서부터 도움닫기를 시작했단다. 그는 맨해튼거리를 끝에서 끝까지 가로질러 내달렸지. 뉴욕 시민들이 거리 양쪽에서, 아파트와 사무실 창문에서, 나무 위에서 그를 응원했단다. … 드디어 그가 도약을 하면, 뉴욕 시민들은 맨해튼과 여섯 번째 구 양쪽 기슭에서 선수에게 갈채를 보내고 서로에게 환호성을 질렀지. 멀리뛰기 선수가 허공에 떠 있을 동안, 모든 뉴욕 시민들은 하늘을 나는 듯한 기분을 맛보았어."

"아니, 어쩌면 '허공에 뜬 기분'이라는 말이 더 적절할 거야. 그 도약은 멀리뛰기 선수가 이쪽에서 저쪽 구로 간다기보다는 한참 동안 두 구 사이에 머물러 있다는 인상을 주었으니까."

김훈의 『공차는 아이들』 중에서

의식하지 못하지만, 공을 찰 때, 달아나는 공을 쫓아서 달려갈 때, 인간의 몸은 가장 유연하고도 과감하다. 그때 인간의 몸은 공간 속에서 살아있는 순간에 도달한다. 땅에 들러붙어 있는 것이 몸의 운명이다. 떠서 날아오는 공을 향해 몸을 뒤틀 때, 몸은 땅에 저항하면서 솟구쳐 오르지만 땅의 속박을 벗어나서는 공을 찰 수가 없다.

공차기는 속박과 비상 사이의 떨림이다.

그래서 공을 차는 인간은 때때로 하늘을 날아가는 새의 모습을 보여준다.

무라카미 하루키의 『승리보다 소중한 것』 중에서..

이것은 끝이 아니다. 뭔가 새로운 시작이다. 여기서도, 또 그곳에서도, 나는 이겼고 동시에 패배를 맛보았다.

그 세계에서는 누구나 저설하리만큼 고독하다. 그리고 고통은 늘 그곳에 있다. 그럭저럭 고통스럽거나, 엄청나게 고통스럽거나. 하지만 난 고통을 두려워하지 않는다. 그 따위를 두려워할 이유가 없다.

나는 귀를 기울인다. 경기장을 메운 사람들의 함성이 들린다. 대지가 흔들리는 울림. 하지만 정말로 들리는 소리는 자기 안의 조용한 목소리다. 나에게 칭찬할 만한 것이 있다면, 그것은 뭔가를 두려워하지 않았다는 것이다. 올림픽이라는 거대한 소용돌이에 내던져졌음에도 아무것도 두려워하지 않는다.

아니, 정확히 표현하면 이렇다. 나는 마침내 아무것도 두려워하지 않았다. 그것을 회피하지 않고 싸웠고, 승리했으며, 그리고 동시에 패배를 맛보았다. 찬란한 꿈을 꾸었고, 동시에 꿈에서 깨어났다. 매서운 적들과 사력을 다해 싸웠고, 동시에 그녀들을 사랑했다. 길 위에서 조용히 죽음을 받아들였고, 동시에 그 죽음을 구석구석까지 살았다.

3) 스포츠 행위자의 미적체험

스포츠 행위자의 미적체험은 공간 및 시간의 지각, 타인에 대한 지각, 신체 혹은 자아에 대한 지각 등을 통해서 나타날 수 있다.

스포츠 행위자가 미적 대상이 아닌 체험자로서 자신이 주체적인 행위자로 직접 경험한 '감각적 인식'을 의미하며 스포츠 행위를 통해 체험되어 지각된 감각의 질적인 측면이다. 즉 미적 대상으로서 객관화하여 파악되고 공유되기 어렵다는 특징과 함께 아울러 반드시 발현되거나 축적되지 않으며 의도할 수 없다는 특징도 함께 갖는다. 특히 수행자의 미적체험에서 중요하게 다루어지는 것은 '운동감각(kinasthesis)'인데 매체인 몸이 기술에 대한 정확한 구사와 이해로 깨달음을 얻거나 완전한 이해, 우아함 등의 감각과 함께 발현되며 행위자 자신의 미적 쾌감을 기저로 한다.

Arnold(1985)는 스포츠 수행자의 미학체험을 두고 다음의 4가지로 설명하였다. 첫째, 감상자에게 미적 체험을 경험하도록 행위자 자신에게 신체화(embodiment)하고 그 과정에서 미적 쾌감을 경험한다. 둘째, 기술의 완성을 추구한다. 셋째, 신체가 기술을 발휘할 때 운동감각적 흐름(kinesthetic flow)을 인식한다. 넷째, 행위자를 경쟁과 멋진 경기의 주체라고 하여 직접 체험으로 인식하게 되는 감성적 영역의 구조를 설명했다.

학자	내용
가필드와 베넷 (Garfield & Benett)	▪ 신체적 · 정신적 이완 ▪ 자신감과 낙관감 ▪ 높은 활성화 ▪ 즐거움 ▪ 현재 순간에의 집중 ▪ 보호받는 느낌
로어 (Loehr)	▪ 높은 에너지(도전, 영감, 결실, 강렬함) ▪ 기쁨의 즐거움 ▪ 압박감의 저하 ▪ 낙천적 적극적 느낌 ▪ 정신적 평온감 ▪ 자신감 ▪ 높은 집중력 ▪ 통제력
오릭 (Orick)	▪ 탁월감(몰입, 자기통제) ▪ 몰입(욕망, 결단력, 태도, 믿음, 동기화) ▪ 자기통제(침착, 냉정함, 자신감)
콘 (Cohn)	▪ 특정 생각, 행동에의 주의 집중 ▪ 현재 상황에 몰두 ▪ 할 수 있음
라비자 (Ravizza)	▪ 두려움의 감소 ▪ 수행에 대한 생각 ▪ 힘들이지 않고 수행 ▪ 자신을 완벽하게 제어 ▪ 시공간 감각의 혼란 ▪ 느리게 흐름 ▪ 통합, 단일하게 지각 ▪ 독특, 일시적, 비자발적 발생
칙센트미하이 (Csikszentmihalyi)	▪ 자기 목적적 경험 ▪ 자아의식의 상실 ▪ 통제감각(통제의 모순) ▪ 도전과 기술의 균형 ▪ 명확한 목표 ▪ 시간의 변형 ▪ 행동과 지각의 일치 ▪ 과제에 대한 전적인 집중 ▪ 구체적인 피드백

국내에서는 김인희(1996)가 감상자의 미적체험이 시각에 의한 것이라면 행위자는 근육감각적 측면에 의거하여 체험되는 쾌감이라고 하여 메를로 퐁티의 '지각신체론'에 근거한 행위자의 감각적 면을 1) 운동감각적 지각과 2) 신체 주관으로 나누어 살폈다. 김창룡(1999)이 행위자의 '미적 기분'이라고 하여 1) 공간적 성격, 2) 공동존재적 성격, 3) 기술적 성격, 4) 시간적 성격으로 나누어 설명하였

다. 또한 미적 대상의 구조를 살피면서 소재, 형식, 내용구조를 파악하고 이를 다시 재 경험하게 되는 관련성을 설명한 바 있다.

조쟁규(2003)는 스포츠 행위자의 미적체험을 첫째, 근육감의 체험, 즉 신체활동의 심미의식이 운동 감각신경에 전이되어 작용한 특수한 발현을 의미한다. 둘째, 몸의 감동으로 신체활동을 행하면서 스포츠 세계에 완전히 몰입하여 상호작용한 상태를 의미하는 데, 하나 된 상태, 몰입한 상태에서 신체에 작용하는 자극, 생동감, 용구 및 환경과의 일치, 즐거움과 재미, 한계의 극복과 정복감, 도전, 자아실현 및 반성, 초월의식 등의 질적 체험을 통해 얻을 수 있다고 한다.

이 외에도 많은 스포츠 철학자, 사회학자, 심리학자에 의해 스포츠 행위자의 미적체험의 요소들이 연구되어 규명되었다.

4) 스포츠 감상자의 미적체험

스포츠를 직접 감상하면서 스스로 감동하고 공감하며 타자의 내면의 생을 함께 체험한다.

(1) 미적 무관심성

미적체험을 얻기 위해서는 무관심적인 미적 태도가 필요하다. 즉 감상자에게 미적체험이 되기 위해서는 주변의 역사적 맥락과 지식과 같은 전제조건이 요구되지 않는 순수한 태도를 의미한다. 따라서 미를 판단하는 데에는 객관적인 방법이 존재하는 것이 아니라, 감상자의 주관적인 태도에 따라 발생한다는 것이다. 또한 이해관계와 분리되어 현실적인 측면과 거리를 둘 때 미적체험에 이를 수 있다고 보는 견해이다.

스포츠 감상에 있어 더 많은 감동과 흥분, 즐거움을 주는 필연적 요소가 바로 이러한 인지・맥락적 측면임을 간과할 수 없다. 그러나 스포츠를 감상하면서 경험할 수 있는 무관심성은 승패를 떠날 때 성립될 수 있다. 스포츠 상황에서 연고팀, 소속 국가 등의 시공간적 맥락(역사와 연고)에서 벗어나 스포츠 자체에 주목하고 그 자체가 목적이 된 즐거움과 경이로움을 감지할 수 있어야 한다. 따라서 스포츠의 순수한 특질인 선수들의 탁월성, 효율성, 창의적 요소 등의 가치를 읽을 수 있는 시각을 키워야 한다.

(2) 미적 직관

스포츠 감상자가 스포츠의 현상을 보고 '멋지다', '경이롭다'고 판단하는 것은 개인적인 경험에 의한 것으로, 이미 감상자가 경험한 이미지가 현상에서 구현될 때 '아름답다'라고 사고하는 것이다. 따라서 많은 경험으로 미적측면을 인지하고, 다양한 방법으로 자신의 경험을 확장하여 대입할 때, 미적체험에 대한 감지력이 높아진다.

로버츠(Roberts)는 스포츠 현상의 아름다움은 폼(form) 등의 형태적 아름다움과 함께, 경제적 효율성 등의 특질이 나타날 때 미적 직관이 높아진다고 하였다. 후샤오밍(1992)은 스포츠 경기를 통해 나타나는 체육미의 형식적 요소를 정제, 대칭, 비례, 균형, 대비, 조화, 점층, 리듬 등으로 보고, 스포츠에서 나타나는 외형적 미를 구체화하였다.

미적 직관의 관점에서 보면, 스포츠 감상 시 가장 중요한 것은 감상자의 운동 관찰력이다. 스포츠 과학의 한 영역으로서 운동학의

식견을 통해 깊은 미적체험이 가능하다. 즉 스포츠의 본질은 동영상을 통해 상세히 관찰하고 분석하는 것이 아니라 움직임을 읽어내는 관찰력과 능력에 있다(김창룡, 이광자 역, 1999). 또한 스포츠 감상의 경험을 넓힐 때 운동학적 지식이나 예술적 스포츠의 이미지들이 습득된다. 다시 말해 스포츠에서의 리듬과 흐름을 읽어내는 통찰의 안목과 예리한 관찰력이 수반될 때, 심층적인 미의 체험이 가능하다.

(3) 미적 공감

① 감정이입(Empathy)

감상자는 선수들의 표정이나 스포츠행위에서 표출되는 상황을 운동선수의 감정과 유사한 자기의 감정으로 공감하며, 이를 다시 대상인 운동선수에게 투사하는 형태로 감정을 이입한다.

② 카타르시스(Catharsis)

스포츠행위를 하는 사람과 보는 사람은 본능 속에 내재된 공격본능이나 사회생활을 통해 누적된 피로감과 우울, 불안, 긴장과 같은 부정적인 마음 상태가 해소될 수 있다. 카타르시스는 스포츠행위의 결과로 가슴 속에 품었던 공격성을 사라지게 하며 결국에는 평온한 감정을 느낄 수 있도록 정화됨을 의미한다.

최현자(1990)는 미적체험의 구체적인 특징으로 관심과 지각 그리고 감동과 인지를 수반하며, 마지막으로 문화적 경험을 수반한다고 하였다. 스포츠를 감상함에 있어 '아는 만큼 보인다', '보이는 만큼 느낀다'라고 표현한다면, 이는 스포츠를 볼 때 감상자 자신의 경험과 지식이 그만큼 중요하다는 것을 의미한다.

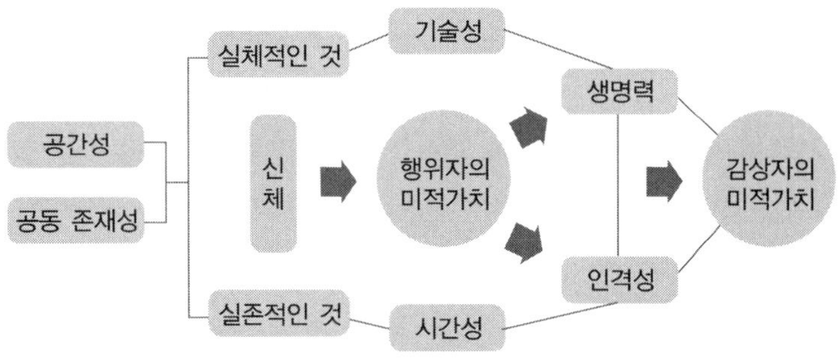

스포츠 행위자와 감상자 간의 미적가치의 관계(김창룡, 1999)

생각연습

01. 미적 지각으로서 운동감각이란 무엇인가? 그리고 각자가 경험한 스포츠 상황에서의 미적체험은 어떤 차이가 있을까?

02. 스포츠에서 미적체험을 높이기 위해서는 어떠한 방법이 있을까?

참고문헌

김영환(1985). 스포츠의 미적 가능성에 대한 연구. 연세논총. 21(3), 239-250.

김창룡, 이광자 역(1999). 스포츠 미학. 서울: 21세기교육사

노남순(2003). 시각적 사고력을 통한 제 미적체험 활동에 대한 연구. 미간행 석사학위논문. 대구교육대학교 교육대학원.

박현애(2010). 스포츠행위에서 나타나는 감성적 인식의 모색. 미간행 박사학위논문. 이화여자대학교 대학원.

조쟁규(2003). 학교체육에서의 스포츠 미학교육. 한국체육학회지, 42(3), 85-94.

최현자(1990). 도덕교육의 미학적 접근연구. 미간행 석사학위논문. 서울대학교 대학원.

후샤오밍(1992). 체육미학. 민역숙 역. 서울: 동문선

Arnold, P.J.(1985). Aesthetic Aspects of Being in Sport: The Performer's Perspective in Contrast to that of the Spectator. Journal of the Philosophy of Sport, XII, 1-7.

PART 5

스포츠와 논리

01. 논증이란 무엇인가?

02. 연역추리와 귀납추리의 차이는 무엇인가?

03. 좋은 논증의 조건은 무엇인가?

04. 우리가 범하기 쉬운 논리적 오류는 무엇인가?

01

논증이란 무엇인가?

「논리학이란 논증이나 명제들의 형식과 법칙들에 대해 연구하는 학문이다. 명제란 참이나 거짓일 수 있는 문장의 의미이다(송병홍, 2008).」

주장을 지지하는 근거들을 제시하는 것이 학술적인 보고서의 핵심적인 부분이다. 그렇기 때문에 논증이 없는 논문은 성립할 수 없다. 특정한 쟁점에 대하여 어떤 입장을 가지고 있는지, 또 그것을 옹호하기 위해 지지하는 증거와 논리적 근거들을 제시하는 것을 논증이라고 한다. 그렇기 때문에 논증을 확인하고 논문의 학술적 가치와 논리적 체계를 검토할 수 있다. 논증이 허술하거나 잘못되어 있다면 좋은 연구논문이라고 할 수 없다.

연구논문에서 많이 사용하는 것이 논증이다. 모든 연구는 논증의 구조를 가지고 있다. 적어도 연구논문은 하나나 둘 이상의 논증을 가지고 있다. 이 논증을 통해서 어떤 사실이나 주장을 확인하고 정당화한다. 논증은 주장하는 바에 대한 구체적인 근거나 근거들을 갖는다. 논증을 갖지 않은 논문은 구조적 문제뿐만 아니라 학술적 논문으로 가치를 확보하지 못한다. 그냥 하나의 개인적인 주장에 머물게 된다. 적어도 논문은 논증을 통해서 주장이나 사실을 정당화해야 한다.

논증은 귀납논증, 연역논증, 논박 등으로 나눌 수 있다. 예를 들어 운동선수에게 체벌이 필요악이라는 주장을 정당화하기 위해서는 체벌이 학생선수들에게 필요한 이유와 근거를 제시하여 주장하는 것이 논증의 과정이다.

생각연습

01. 좋은 논증을 갖춘 보고서는 훌륭한 보고서라고 할 수 있다. 보고서에서 좋은 논증을 갖추지 못하는 이유는 무엇일까?

02. 논증이란 무엇이고, 어떤 논증이 좋은 논증이라고 할 수 있는가? 그리고 좋은 논증의 조건은 무엇인가?

02

연역추리와 귀납추리의 차이는 무엇인가?

스포츠철학 연구에서 많이 사용하는 추론방식은 연역추리와 귀납추리이다. 귀납추리는 구체적인 예들로부터 일반화된 결론을 도출한다. 반면에 연역논리는 공리 또는 당연하게 인식되는 명제, 일반적인 법칙에서 구체적인 사항을 도출한다.

1) 귀납논증

귀납논증은 구체적인 예들로부터 그것들에 대한 일반화된 의견으로 이동하는 논증이다. 예를 들어 A팀에게 이미지 트레이닝을 1개월 하였다 그 결과, 경기력 향상에 도움을 주었다. B팀에게 이미지 트레이닝을 1개월 하였다. 그 결과 역시 경기력 향상에 도움을 주었다. 이를 통하여 이미지 트레이닝과 경기력 향상과의 상관관계를 밝혀낼 수 있다.

2) 연역논증

연역논증은 전제의 참이 결론의 참을 절대적으로 보장하는 논증이다. 연역은 일반적인 법칙을 토대로 특별한 예나 사례를 예측하는 것을 포함한다. 일반적인 법칙으로부터 특정한 사례를 이끌어내는 것을 말한다. 연역논리에서 다루어져야 할 여섯 가지 기본 개념들이 있다. 논리적 진실, 논리적 거짓, 우연명제, 논리적 일관성, 논리적 동치, 타당성 등이다(손병홍, 1998).

(1) 논리적 진실

하나의 명제가 거짓일 가능성이 없다면, 명제는 논리적 진실이다. 일정한 논리적 형식을 가진 명제들은 그 내용과 관계없이 논리적 진실이다. 예를 들어 '태권도는 한국의 전통무예이거나 그렇지 않다'는 예는 명제의 내용이 논리적 진실이냐의 여부와는 무관하게 'A이거나 A가 아니다.'라는 논리적 진실이라고 할 수 있다.

(2) 논리적 거짓

하나의 명제가 참일 가능성이 없다면, 명제는 논리적 거짓이다. 한 명제가 논리적 거짓이냐의 여부는 명제의 내용의 진실여부에 의해서가 아니라 명제의 형식에 의해 결정된다. 예를 들어 '농구공은 배구공보다 크고, 농구공은 배구공보다 크지 않다'는 예는 내용 때문이 아니라 형식 때문에 논리적 거짓이라고 할 수 있다. A이고 A가 아니다. 이러한 형식을 가진 명제는 논리적 거짓이다.

(3) 우연명제

한 명제가 논리적 진실도 논리적 거짓도 아니면, 명제는 우연명제이다. 한 명제가 실제로 참이냐의 여부와 관계없이 참일 가능성도 거짓일 가능성도 있으면 그 명제는 우연명제이다.

(4) 논리적 일관성

명제들로 구성된 하나의 집합 A를 구성하고 있는 모든 명제들이 동시에 참일 가능성이 있으면, 집합 A는 논리적 일관성이 있는 집합니다.

(5) 논리적 동치

명제 A와 B가 서로 다른 진리치(참이나 거짓)를 가질 가능성이 없으면, A와 B는 논리적 동치이다. A가 참이면 B도 반드시 참이어야 하고, A가 거짓이면 B도 반드시 거짓이어야 한다.

(6) 타당성

전제들의 집합이 논리적 일관성이 있는 집합이면, 그 논증은 타당한 논증이다.

3) 논박에 의해 논증하기

논박은 어떤 사람의 논증을 반박한다는 것을 의미한다. 주장하는 자의 논증의 약점을 드러내는 것을 주위 깊은 비판적 사고를 통하여 찾아낼 수 있다. 찾아낸 부분에 대하여 반박을 하는 것이다. 예상되는 논박에 대해 반박하는 근거를 제시하는 것이다.

생각연습

01. 국내 신문에서 스포츠 관련 사설이나 칼럼을 하나 찾아서 귀납추론을 하고 있나 연역추론을 하였는가를 생각해 보자.

02. 연역논리에서 다루어져야 할 여섯 가지 기본 개념들은 무엇인가?

참고문헌

손병홍(1998). 기초논리학. 서울: 현실과 미래.

03

좋은 논증의 조건은 무엇인가?

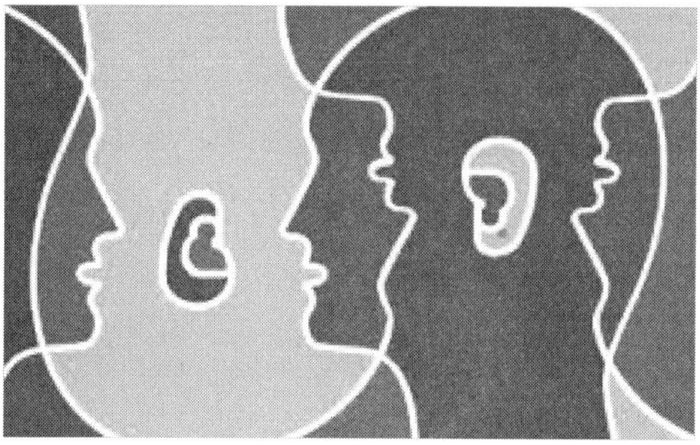

좋은 논증의 조건은 관련성, 전제의 참, 충분한 근거, 반박 잠재우기 등이 있다.

1) 관련성

관련성은 타당성과 개연성의 관련으로 구분할 수 있다. 타당성의 관련은 전제가 참이고 동시에 결론이 거짓일 가능성이 없는 관계(전제를 참이라고 가정하면, 결론은 반드시 참이어야 한다)를 만한다. 반면에 개연성의 관련은 전제를 참이라고 가정했을 경우, 결론이 참일 가능성의 정도를 인정하는 관계이다(송병홍, 1998).

전제의 참이나 거짓이 결론의 참이나 거짓에 영향을 미치면 관련성이 있다고 말할 수 있다. 한 사례를 들어 설명해 보자. 태권도는 한반도의 역사와 그 궤를 같이 한다. 삼국시대, 고려시대, 조선시대, 대한민국에서 맨손무예가 있었다. 그 명칭은 다르지만 오늘날 태권도와 같은 맨손무예라고 할 수 있다.

전제 : ❶ 고려에는 수박이라는 맨손무예가 있었다.
❷ 조선시대에는 권법이라는 맨손무예가 있었다.
❸ 식민지 시기에는 택견이라는 맨손무예가 있었다.

결론 : 대한민국에는 태권도라는 맨손무예가 있다.

2) 전제의 참

좋은 논증의 전제가 참이어야 한다는 것은 너무나 당연한 이야기 같다. 거짓인 전제에서 결론을 이끌어내서는 안 되기 때문이다. 아무리 관련이 있는 전제라 할지라도 전제가 참이 아니라면 그 전제에 바탕을 둔 결론은 무너질 수밖에 없다. 전제의 참은 보통 사실을 확인하는 문제인데 일상생활에서는 사실이냐 아니냐가 중요하기 때문일 것이다(탁석산, 2001).

전제 : ❶ 운동은 건강에 이롭다.
❷ 미국의 저명한 박사의 보고에 따르면 아침 운동보다 저녁 운동이 건강에 더 좋다고 한다.

결론 : 건강을 위해서 저녁에 운동을 하자.

3) 충분한 근거

자신의 주장을 정당화하기 위해서 필요한 것은 충분한 근거를 제시하면서 주장하는 것이다. 충분한 근거가 없는 주장은 헛된 주장이라고 할 수 있다. 우리가 신뢰할 수 있고 객관적으로 입증할 수 있는 근거를 많이 제시하면 그 주장은 타당한 주장이 될 수밖에 없다. 왜냐하면 제시된 주장들을 반박할 수 없다면 제시된 근거만으로 주장을 정당화할 수 있기 때문이다. 하지만 충분한 근거라고 제시하는 설문조사 내용은 내용의 진위 문제와 검사의 타당성 검사를 철저히 거쳐야 한다. 우리가 대부분 어떤 사태에 대하여 판단을 할 때 인용하는 것이 설문조사의 결과이기 때문이다.

4) 반박 잠재우기

자신의 주장에 대하여 예상되는 반박을 반박하여 그 반박을 잠재울 수 있다면 그 주장은 정당한 주장이 될 수 있다. 자신의 주장을 하고 그 주장에 대한 반박에 대하여 재반박을 하지 못할 경우 자신의 주장은 설득력을 얻을 수 없다. 그렇기 때문에 좋은 논증이란 예상되는 반박을 잠재울 수 있어야 한다. 이러한 과정을 거쳐서 좋은 논증이 형성되는 것이다. 글을 쓰거나 말을 할 때 항상 주의해야 할 것은 자신이 하고 있는 주장이 충분한 근거를 가지고 있으며 예상되는 반박을 반박할 수 있느냐에 대한 검증과 확신을 갖고 있는가이다. 검증하고 확신을 가지고 있다면 좋은 논증을 갖춘 주장과 글이 될 수 있다.

일반적으로 논증하는 글쓰기의 원칙을 알아보자. 첫째, 비판정신으로 무장하라. 둘째, 주장하는 바를 한 문장으로 요약하라. 셋째,

자기 자신을 가장 강하게 비판하라. 넷째, 장황한 서론은 아예 쓰지 마라. 다섯째, 짧고 간결한 문장을 구사하라. 여섯째, 최대한 구체적으로 서술하라. 일곱째, 하나의 단락에 하나의 이야기를 담아라. 여덟째, 애매하고 모호한 표현은 절대 금물이다. 아홉째, 감정이 실리는 순간 논증은 끝이다(채석용, 2011).

생각연습

01. 좋은 논증 능력을 키우기 위해서 우리가 할 수 있는 방법에는 어떤 것이 있는가?

02. 좋은 논증이 갖추어야 할 조건은 무엇인가?

참고문헌

손병홍(1998). 기초논리학. 서울: 현실과 미래.

탁석산(2001). 오류를 알면 논리가 보인다. 서울: 책세상.

채석용(2011). 논증하는 글쓰기의 기술. 서울: 소울 메이트.

04

우리가 범하기 쉬운 논리적 오류는 무엇인가?

오류는 논증의 형식이나 내용에서 일어나는 잘못이나 결함으로 잘못된 논증이라고 할 수 있다. 논증을 할 때 범하기 쉬운 대표적인 논리적 오류에 대하여 알아보자.

1) 힘에 호소하는 오류

힘에 호소하는 논증은 문자 그대로 힘에 호소하거나 권력이란 힘을 사용하겠다고 위협함으로써 자기 입장을 받아들이도록 강요할 때 범하는 오류를 말한다. 이것은 보통 합리적인 논증이나 증거가 없거나 통하지 않을 때 사용되는 방법이다.

2) 인신 공격적 오류

주장하는 내용을 반박하지 않고 그 주장을 펴는 사람의 인격을 손상함으로써 그 주장을 공격할 때 범하게 되는 오류이다. 대표적인 사례로서 태권도역사논쟁에서 발견할 수 있다. 상대방의 주장에 대한 반박은 하지 않고 그 주장을 하는 사람의 인격에 대하여 공격하는 경우가 종종 있다. 자신의 주장에 반박하는 주장에 대하여 이성적 대응이 아니라 감정적으로 대응하는 과정에서 나타난다.

3) 성급한 일반화의 오류

체육학 분야에서 범하게 되는 오류 중에 대표적인 오류라고 할 수 있다. 여러 경우들의 공통점을 추출해서 일반화하지 않고, 일부 제한된 경우들에만 주목하여 그것들의 공통점을 추출해 모든 경우들이 다 그러한 속성을 갖고 있는 것처럼 주장할 때 범하는 오류이다.

[예시]

국내 프로축구에서 불법도박이 발견되었다.
국내 프로야구에서 불법도박이 발견되었다.
∴ 따라서 국내 프로스포츠에 불법도박이 만연되어 있다.

국내 프로축구에서 승부조작이 발견되었고 승부조작과 불법도박이 연계되었다는 것이 밝혀졌다. 프로축구만이 아니라 프로야구, 프로농구에서도 불법도박이 발견되었기 때문에 국내의 모든 프로스포츠가 불법도박과 연관이 있다고 주장하는 것은 성급한 일반화의 오류라고 할 수 있다. 아직 확인 되지 않은 사실이 있음에도 불구하고 일부 사실을 확대 해석해서 일반화하는 과정에서 범할 수 있는 대표적인 오류이다.

4) 잘못된 권위에 호소하는 오류

자신의 주장이 옳다는 것을 증명하기 위하여 권위자의 권위를 끌어들여 자신의 주장을 정당화하는 과정에서 나타나는 대표적인 오류이다. 어떤 권위자가 이런 주장을 했다는 사실을 가지고 자신을 주장을 정당화하는 데 이용한다. 권위자가 어떤 맥락과 맥락 사이에서 주장했는지에 대한 전후맥락을 고려하지 않고 자신의 주장을 정당화하는 데 도움이 될 수 있다고 생각하여 관련 내용만 인용하는 경우에 발생하는 오류이다. 자신이 주장하려는 문제에 관련이 있는 권위자인지 우선적으로 고려해야 한다. 그렇지 않고 자신의 주장과 관련성이 없는 권위자의 권위에 의존해서 주장을 정당화하려고 할 때 오류가 발생한다.

[예시]

A는 국내 최고의 체육학자였다.
A는 한국의 야구기원을 1905년이라고 주장하였다.
∴ 그러므로 한국의 야구기원은 1905년이 맞다.

앞의 예시는 한국 야구기원에 관련된 논쟁에서 발견될 수 있는 오류이다. A라는 학자가 주장한 기원설이 지금까지 진실로 인정되어 왔다. 여기에 반론을 주장하는 학자는 없었다. A라는 학자는 신뢰할 수 있는 한국의 대표적인 체육사학자였기 때문이다. 그래서 그의 권위에 의존해서 한국의 야구기원은 1905년이라고 주장하는 것이다. 최근에 야구에 관련된 사료들이 발견되면서 야구기원은

1904년이라는 것이 밝혀지고 있다. 이러한 사료를 근거로 한 주장은 정당성을 얻을 수 있지만 권위자의 권위에 의존해서 주장하는 것은 권위에 호소하는 오류를 범할 수 있다.

생각연습

01. 우리는 일상생활에서 오류를 범하고 있다는 것을 자각하지 못하고 생활하고 있다. 자신이 일상에서 범하고 있는 오류는 무엇이 있을까?

02. 성급한 일반화의 오류에 빠지는 근본적인 이유는 무엇인가?

스포츠철학수업

2016년 3월 2일 1판 1쇄 인쇄
2016년 3월 5일 1판 1쇄 발행

지은이 | 함 정 혜 · 이 학 준 · 김 영 선 · 박 현 애
펴낸이 | 조 승 식
펴낸곳 | ㈜도서출판 **북스힐**

등 록 | 제 22-457 호
주 소 | 01043 서울시 강북구 한천로 153길 17
전 화 | (02) 994-0071(代)
팩 스 | (02) 994-0073

홈페이지 | www.bookshill.com
E-mail | bookswin@unitel.co.kr

값 10,000원

ISBN 979-11-5971-006-3